북한선교와 남북통일을 위한

섬김의 신학

정일웅 지음

총신대학교출판부

목차

서론 ··· 7

제1장 기독교 복음 선교와 섬김의 사역 ················ 15

1. 복음 선교의 과제는 무엇인가? / 16
2. 섬김의 과제는 무엇인가? / 17
   1) '섬김'의 개념이해 / 17
   2) 성경에 사용된 '섬김'의 개념 / 18
   3) 섬김의 현대적 의미와 과제 / 19

제2장 섬김 신학의 이론적 근거 ······················ 21

1. '섬김'의 성경적 근거 / 21
   1) 구약성경에서의 섬김 / 21
   2) 신약성경에서의 섬김 / 24
      (1) 예수의 가르침과 섬김 / 24
      (2) 예수제자들의 섬김 / 26
      (3) 초기교회의 섬김 / 29
      (4) 바울의 복음전파와 섬김 / 29
      (5) 복음의 사회적 영향력과 섬김 / 31
      (6) 교회연합과 섬김의 관계 / 34
      (7) 섬김의 제도화의 모습 / 35
2. 섬김 사역의 역사적 근거 / 39
   1) 고대교회의 섬김 사역 / 39
   2) 로마교회의 섬김 사역 / 43
   3) 중세교회의 섬김 사역 / 45

4) 종교개혁시대의 섬김 사역 / 47
      (1) 루터(M.Luther)의 섬김 사역의 이해 / 47
      (2) 쯔빙글리(H.Zwinglii)의 섬김 사역의 이해 / 49
      (3) 부처(M.Bucer)의 섬김 사역의 이해 / 50
      (4) 칼빈(J.Calvin)의 섬김 사역의 이해 / 52
   5) 경건주의와 계몽주의 시대의 섬김 사역 / 54
   6) 19세기의 섬김 사역 / 58
   7) 20세기의 섬김 사역 / 63

 3. 섬김 신학의 근본 토대[화해, 용서, 평화] / 65
   1) 하나님의 창조와 화해 / 66
   2) 그리스도를 통한 화해와 용서와 평화의 섬김 / 69
   3) 하나님나라의 실현과 섬김 / 73
   4) 그리스도인의 책임(윤리)과 섬김 / 74
   5) 창조세계의 완성과 섬김 / 75
      (1) 종말의 준비와 섬김 / 76
      (2) 최후심판의 기준과 섬김 / 76
      (3) 사랑의 이중계명과 섬김 / 77
      (4) 영생 얻음과 섬김 / 78
      (5) 신앙열매와 섬김 / 79
      (6) 원수 사랑과 섬김 / 79

 4. 섬김 사역과 관련된 신학적인 질문과 대답 / 80
   1) '이웃사랑'은 과연 어떤 것인가? / 80
   2) 이웃사랑의 대상은 누구인가? / 81
   3) 섬김의 방법은 어떠해야 할 것인가? / 82
   4) 고난은 개인적인 것인가? 사회구조적인 것에서인가? / 83
   5) 섬김은 꼭 기독교적인 사랑이어야 하는가? / 86
   6) 섬김의 주체는 누구인가? / 89
   7) 섬김과 예배는 어떤 관계인가? / 91
   8) 섬김과 신앙교리는 어떤 관계인가? / 94

제3장 한국교회, 섬김사역의 역사와 현재 ············ 99

 1. 한국교회와 선교초기의 섬김 사역 / 99
   1) 선교사들의 섬김 사역 / 100
      (1) 의술을 통한 선교 사역 / 100

(2) 교육을 통한 선교사역 / 104
　2) 요약 / 107

2. 일제의 식민지 시대의 섬김 사역 / 108
　1) 시대적 배경 / 108
　2) 길선주의 복음선교와 섬김 사역 / 109

3. 8.15해방 이후 근대화과정에서의 섬김 사역 / 111
　1) 시대적 배경 / 111
　2) 한국교회의 복음전파와 섬김 사역 / 112
　　(1) 영락교회와 한경직 목사 / 113
　　(2) 영락교회의 섬김의 사역 / 113

4. 산업화과정과 한국교회의 섬김 사역 / 115
　1) 시대적 배경 / 115
　2) 한국교회의 상황과 신학논쟁 / 116
　3) 한국교회의 섬김 사역 / 118
　　(1) 도시산업선교회의 활동 / 118
　　(2) 도시빈민선교회 / 120

5. 민주화이후 한국교회의 섬김 사역 / 121
　1) 다일공동체의 섬김 사역 / 121
　2) 광야교회공동체의 섬김 사역 / 122
　3) 서울 광염교회의 섬김 사역 / 123
　4) 한국기독교총연합회와 대북한 섬김 사역 / 125
　　(1) 한기총의 대북한 섬김 사역의 시작 / 126
　　(2) 한기총의 본격적인 북한지원의 섬김 사역 / 127
　　(3) 통일선교대학의 설립과 운영 / 128
　　(4) 북한 교회재건위원회 / 130
　5) 기독교 NGO의 활동과 섬김 사역 / 130
　　(1) 기독교 NGO 단체는 어떤 것인가? / 131
　　(2) 대(對)북한 기독교 NGO들이 목표하는 사역은 어떤 것들이 있는가? / 134
　6) 요약 / 137

제4장 독일교회의 섬김 사역과 동서독 분단 상황　139

1. 독일교회 섬김 사역의 역사 / 140
　1) 뷔케른의 사회선교와 섬김 사역 / 140
　2) 독일개신교협의의 원조국 / 143

2. 독일의 동서독 분단 상황과 독일교회의 섬김 사역 / 147
　1) 독일교회와 동독교회의 관계 / 148
　2) 동독교회를 향한 서독교회의 섬김의 실천 / 150

제5장 북한선교전략과 평화통일 ……………… 157

1. 한국교회가 연대한 대표협의기구 설립의 필요성 / 157
2. 동독교회에 적용된 파트너십 전략의 활용 / 161
3. 섬김의 정신력 강화와 훈련의 필요성 / 162
4. 북한주민을 향한 섬김 사역의 실천적 방안 / 162
　1) 식량지원 / 162
　2) 남한교회와 북한교회와의 자매관계수립 / 164
　3) NGO활동 지원방안: 경제 및 기술 지원 / 164

5. 북한주민의 인권개선을 위한 노력 / 165
6. 북한지하교회 선교활동의 지원방안 / 167
7. 통일 후에 적용할 수 있는 선교전략 / 167

결론 ……………………………………… 169

참고도서 / 175

서론

한국교회는 현재 보수적인 신학을 지향하는 그룹과 자유적인 신학을 지향하는 그룹으로 크게 이분화 되어 있는 모습이다. 전자는 교회의 주된 과제를 그리스도의 복음전파(Kerygma)에 두었고, 이에 따라 영혼을 구원하는 일에 더 많은 관심을 기울여 왔다. 그 때문에 보수적인 교회는 그동안 우리사회의 고난에 처한 이웃을 돕는 인간적인 일, 즉 사회와 인간을 돕는 섬김의 사역(Diakonia)을 거의 외면하거나, 교회의 주된 과제로 생각하지 않는 경향에 머물러 있었다. 그러나 반대로 자유주의적인 신학을 지향하는 교회는 변화하는 사회의 인식에 따라 복음의 사회윤리적인 책임을 강하게 인지하고, 신자와 불신자를 막론하고 인간의 고난과 고통의 문제들에 적극적으로 대처하는 봉사의 움직임을 능동적으로 보여 주었다. 그리고 인간에 관한 문제를 사회적이며 정치구조적인 관점에서 해결되어야 할 과제로 이해하여 사회구조적인 개혁과 변화에 더 큰 관심을 기울이고, 불의한 정치권력에 대항하는 노력을 행동으로 보여주기도 하였다. 결과적으로 자유적인 신학을 지향하는 교회는 복음전파를 통한 영혼구원의 관심보다는 인간과 사회를 구원하려는 소위 '사회구원'의 관점에 더 큰 의지를 보여주었던 것이다.[1] 이러한 서로 대립적이

---

[1] 기독교의 구원이 개인구원이냐, 사회구원이냐의 주제는 1990년대 월간목회 특집 토론에서 주제

며 분리된 신학적인 이해로 인하여 '복음전파와 섬김의 사역'은 한국교회 내에서 서로 양분된 모습으로 각각의 길을 걷게 되었다.

하지만 1988년 한국교회는 섬김 사역에 대한 새로운 모습을 보여주는 계기가 생겨나게 되는데, 그것은 한국교회 내 자유주의적인 교회들의 협의체로 알려진 '한국기독교교회협의회'(KNCC)가 '민족통일과 평화에 대한 선언'이란 소위 '평화통일선언문'[2]을 발표하게 되면서였다. 즉 '한국기독교교회협의회'는 이 선언문 발표를 통하여 한국교회가 이웃과 사회, 인간의 문제와 민족통일의 문제에까지 깊은 관심을 갖도록 하는 새로운 계기를 만들었던 것이다. 특별히 이러한 통일선언문이 발표된 후, 그 다음해 12월에 보수주의적인 신학을 지향했던 한국교회의 지도자들도 새로운 한국교회의 연합체를 결성하게 되었는데, 그것이 소위 '한국기독교총연합회'의 탄생인 셈이다.[3] 이 단체(이하 한기총)는 그동안 보수적인 교회들이 민족통일의 문제에 별다른 관심을 갖지 못하다가, 아마도 한국기독교교회협의회(이하 KNCC)가 발표한 평화통일선언문에 자극을 받고 북한 땅에도 그리스도의 복음이 전파되어야 한다는 민족복음화의 선교적 과제를 새롭게 인식하게 되었던 것으로 생각한다. 그 이후 '복

로 다루어졌다. 보수주의 교회의 구원론의 대변자로 신성종목사(충현교회담임)가 역할하였고, 자유신학을 표방한 교회의 구원론은 홍근수목사(향린교회담임)가 대변하였다. 약 6개월간 다루어졌다. 참고, 월간목회, 1990년 1월호-6월호까지.

2) 참고, 이 선언문은 1981년부터 '한국기독교교회협의회'가 연구하고 준비하여 발표한 것으로, 1988년 2월 29일 서울 영동교회에서 개최된 한국기독교교회협의회 제 37차 총회에서 발표하여 총대들의 기립박수 속에서 만장일치로 채택되었다.

3) 한국기독교총연합회는 1988년 '한국기독교교회협의회'(KNCC)가 발표한 통일선언문에 자극을 받아 한국교회의 보수적 신학을 지향하던 교단들의 연합체가 1989년 12월에 결성되었다. 물론 한기총의 결성은 이것이 계기가 되었지만 그보다 훨씬 먼저 자유주의 노선에 있는 한국기독교회협의회(KNCC)가 다수를 점하고 있는 보수교회의 대표역할이 될 수 없음을 감지하고 다수인 보수교회들이 주도하는 한국교회연합체의 구성의 필요성이 논의되어 왔던 것으로 이해한다. 참고, 정일웅,독일교회를 통하여 배우는 한국교회의 통일노력, 도서왕성, 2000. 한국기독교 총연합회 10주년 기념 자료집.

음의 섬김'이란 관점에서 북한을 돕는 운동에 한기총은 적극적으로 참여하는 모습을 보이게 되었다.

　1990년대에 이르면서, 김영삼 정부의 문민시대가 시작될 무렵, 그 당시 북한 땅에 극심한 기근이 몰아 닥쳤고, 수많은 북한주민들이 굶주리는 고통을 겪게 되었다. 이러한 소식과 함께 한기총은 굶주리는 북한주민에게 쌀 보내기를 비롯하여 북한 돕기 운동을 활발하게 전개하였다. 그리고 그 뒤를 이어 국민의 정부로 명명된 김대중 정부는 남북한의 관계개선과 새로운 발전을 위하여 햇볕정책을 제시하였고,[4] 이러한 정책에 따라 2002년 6월 15일 역사적인 남북정상회담이 개최되었다. 그 이후 경제적 파국에 처해 있었던 북한정부는 대한민국의 도움을 받기 시작하였고, 우리정부와 한국교회는 북한을 돕기 위하여 수많은 재정과 물자의 지원을 아끼지 아니했던 것으로 기억한다. 그 일은 후에 계속된 참여정부에 이르기까지 북한을 향한 많은 경제지원과 민간인의 대북사업 전개와 한국교회의 봉사활동들이 활발하게 이루어졌던 것으로 이해된다.

　이러한 북한 돕기 활동들은 현재 한국교회의 안과 밖에서 활발하게 움직이고 있는 것으로 이해되며, 가장 대표적인 활동들은 한국교회의 대표기구인 '한국기독교총연합회'의 대북지원의 중점적인 사역에서 확인된다. 즉 북한에 식량보내기운동과 식량생산을 위한 농업기술지원을 비롯하여 여러 가지 북한을 돕는 봉사활동들은 현재 적극적으로 움직이고 있다. 그리고 최근에는 개인적으로나, 또는 기독교의 이름으로 여러 대북 NGO들이 북한을 돕는 일들을 계속하고 있다. 특히 탈북자 돕기 사역을 비롯하여 북한 인권개선을 위한 NGO의 활동, 농업기술과 과학기술과

---

[4] 김대중정부가 펼친 대북포용정책으로 소위 '햇볕정책'은 정부가 주도한 일종의 디아코니아 사역이었다고 할 수 있다.

의학기술 지원 등, 다양한 분야의 NGO활동들이 알려지고 있다.[5] 물론 이명박 정부에 이르러 대북정책은 심각한 냉각기에 접어들었고, 그 어떤 공적인 지원들이 현재로선 모두 멈춘 모습이기도 하다.

다른 한편 1998년 이후 한국경제가 치명타를 입는 역사적 사건이 발생하였는데, 그것이 소위 외환위기로 인한 아이엠에프(IMF)사태였다. 굶주리는 북한 주민 돕기 운동도 중요했지만, 역시 우리 남한사회의 가난하고, 소외된 이웃을 돕는 일이 무엇보다도 중요하였고, 그 일에 온 국민이 한마음이 되었을 뿐 아니라, 한국교회가 앞장서는 모습을 보여준 것은 복음의 섬김 사역의 모범적 사례라고 할 수 있다. 특히 한국교회 중에 서울 대도시의 큰 교회들은 도시빈민과 노숙자들을 지원하는 일을 적극적으로 전개하였다. 실제로 지금 한국교회는 사회적 분위기에 따라 복음의 섬김의 과제 실천에로 목회방향을 획기적으로 전환해 가는 모습을 보이고 있다고 할 수 있다.

하지만 여전히 복음전파의 과제와 섬김(Diakonia)사역의 관계는 신학적으로 분명한 대답이 제시되지 않은 채, 보수적인 교회들은 별다른 이론의 뒷받침 없이 섬김의 사역을 적극적으로 실천하는 모습을 보이게 되었다. 문제는 이러한 한국교회의 대(對)사회를 향한 봉사활동과 기독교 단체들의 북한지원 및 봉사활동들은 실제로는 성경적이거나 신학적인 분명한 자기이론을 갖지 못한 상태에서 봉사의 실천적인 행동을 앞세우고 있는 모습인 셈이다. 그 때문에 기독교적인 섬김과 인도주의적인 섬김이 분명하게 구별되지 않는 모습을 보이기도 한다. 또한 기독교의 섬김과 인도주의적인 섬김과는 구분이 없는 것인지, 신학적인 이의가 제기

---

5) 정일웅, 기독교대북 NGO활동과 디아코니아 신학, 신학지남, 2007년 여름호, 11–15쪽.

되기도 한다. 왜냐하면 기독교의 섬김 사역은 복음전파의 사역과 연결되어야 하며, 그 뿌리는 언제나 그리스도의 복음적인 가치에 근거하여 실천되어야 하기 때문이다. 그러므로 필자는 한국교회의 섬김 사역이 여러 형태로 실제화 되고 있는 상황을 전제하여, 그 정황들을 신학적으로 이론화하고, 체계화하는 작업의 필요성을 인지하게 되었으며, 오늘날 한국교회의 목회사역에서 실제로 섬김 사역의 필요성이 요구되면서 그 사역을 뒷받침 해 줄 수 있는 섬김 사역의 신학적인 이론의 필요성도 함께 요청되고 있음을 발견하게 된다.[6]

그런 뜻에서 필자는 이 책에서 섬김 사역의 가치와 중요성에 대하여 분명한 신학적인 대답을 제시해 보려고 노력하였다. 그리고 하나의 섬김 신학을 제시함으로써 이미 한국교회가 참여하고 있거나 관여하여 실천하고 있는 북한돕기 운동을 비롯하여 다양한 우리사회와 국제사회의 여러 NGO를 통한 섬김 활동의 실제들이 분명한 신학적인 이론에 근거하여 더욱 활발하게 전개되고, 실천되도록 돕기를 원한다. 그리고 이 책은 이러한 섬김 사역을 통하여 북한사회가 새로운 체제와 환경으로 발전하는 일에 도움이 되기를 희망하며, 마침내 민족의 숙원인 남북통일을 이룩하는 일에까지 도움이 되기를 바란다. 특히 기독교북한선교회의 취지에 따라 북한 땅에 기독교 복음이 전파되는 선교전략과 방법들을 모색하고, 그러한 선교사역의 비전에 이 자그마한 연구가 기여되기를 바라는 마음이 간절하다.

---

[6] 참고, 김동춘, 기독교신학저널, 3, 2002, 101. 이 글에서 김동춘 교수는 보수주의 교단들이 사회봉사적 실천을 뒷받침해 줄 수 있는 신학적 내용의 필요성을 강조하였다. 그리고 디아코니아 신학의 필요성을 언급하였다. 물론 보수주의 교회들의 복음의 사회적 책임을 등한히 한 것도 지적하였다.

이 책은 총 5가지 주제를 중심으로 섬김에 관한 이야기를 집중적으로 다루어 보았다.

첫째는 '복음 선교와 섬김과의 관계'란 주제로 복음 선교의 과제와 섬김의 개념, 그리고 섬김과의 관계 등이 다루어졌으며, 여기서 필자는 기독교 복음선교가 어떻게 섬김사역과 연결되어 있는지를 살펴보았으며, 기독교본래의 과제라고 볼 수 있는 복음전파와 이웃을 섬기는 인간적 행위가 어떻게 서로 연관되어 있는지를 개괄적으로 밝혀보았다.

둘째는 '섬김의 신학의 이론적 근거'로 '섬김의 성경적 근거', '역사적인 근거', 그리고 '신학적인 이론'과 이에 따른 여러 가지 섬김사역의 신학적인 물음들'이 다루어졌다. 여기서 우리는 집중적으로 섬김의 신학을 체계적으로 확립하고 그 이론적 근거를 제시하게 될 것이다. 그리고 기독교 복음 선교의 역사적 맥락을 따라 섬김의 사역들이 어떻게 시대마다 동반되었으며, 활동이 이루어졌는지를 밝혀 볼 것이다. 이 부분에서 우리는 역시 복음 선교가 섬김의 사역과 얼마나 깊이 연관된 일인지를 알게 될 것이다.

셋째는 '한국교회 섬김 사역의 역사와 현재'라는 주제에서 지난 125년의 선교역사에서 한국교회가 감당했던 디아코니아의 섬김 사역이 어떻게 전개되었는지, 그 역사를 살펴보았다. 여기서 우리는 오늘의 한국교회가 나아가야 할 섬김 사역의 방향을 제시하게 된다. 물론 여기서도 북한 선교전략과 방법이 어떠해야 할 것인지에 대한 그 적용 점을 제시하려고 노력하였다.

넷째, '동서독의 분단 상황과 독일교회의 섬김 사역'이란 주제에서

19세기에 시작된 독일 신학자 뷔케른의 사회선교와 독일교회(EKD)의 섬김 사역이 특별히 독일의 분단 상황 하에서 어떻게 실천되었던지, 그 개략을 소개하였다. 거기서 우리는 독일교회가 지향하고 실천했던 선교전략과, 특히 섬김 사역의 방법들이 무엇이었던 지를 이해하고, 나아가 오늘 북한 선교전략과 새로운 방법을 찾는 일에 어떤 의미와 가치를 지닌 것인지를 확인할 수 있을 것이다.

다섯째, '섬김 사역에 의한 북한선교전략과 평화통일'이란 주제로 이 책의 결론부분에 해당되는 내용이다. 실제로 한국교회는 북한선교를 위해서 섬김 사역을 동반한 선교전략과 실제적인 사역이 어떠해야 할 것인지에 대한 그 가능성들을 제시해 보았다. 물론 그러한 가능성들은 독일교회의 노력과 한국교회 선교초기의 노력과 최근의 한국교회의 노력들에서 종합적으로 판단하여 제시해 본 것이다. 그리고 남북통일을 위한 신학적인 의미도 함께 제시되었다.

결론적으로 이러한 섬김의 신학에 근거한 선교전략과 남북통일을 위한 노력을 한국교회가 기울일 때, 그것이 넓게는 기독교의 복음 선교와 하나님나라의 확장에 기여하는 일이 될 것이며, 변화하는 이 시대에 전략적으로 대응하는 지혜를 얻을 수 있을 것이다. 그리고 현재 기독교의 이름으로 진행되고 있는 다양한 북한 및 전 세계의 선교사역과 NGO활동들의 사역이 분명한 섬김의 신학에 근거한 힘을 받게 될 것으로 확신한다. 또한 동토와 같은 북한 땅에 그리스도의 복음이 꽃피는 날이 도래하게 될 것이며, 나아가서 민족의 숙원인 남북통일이 하나님의 섭리가운데 평화적으로 귀결될 것으로 기대한다.

이 책은 우리 주님께서 자기를 내어주기까지 인류를 사랑하신 하나님의 섬김에 근거하여 북한이 자유로운 평화의 나라로 변화되어가는 일과 지속적인 섬김의 활동을 전개하고 있는 한국교회의 북한선교사역과 세계선교사역에 자그마한 도움이 되기를 희구한다. 그리고 실제로 한국교회의 섬김 사역의 역사를 연구하면서 알게 된 것은 한국교회가 참으로 복음증거의 사명에 충실하다면, 그리스도복음의 섬김의 사역에서 진보와 보수교회는 서로 만나야 하며, 또한 하나가 될 수밖에 없다는 사실이다. 그러한 참된 그리스도의 복음 안에서 한국교회의 연합과 일치가 새롭게 모색되기를 염원한다.

끝으로 이 책이 출판되기까지 도움을 준 여러 분들이 있다. 첫째, 기독교북한선교회의 도움이다. 연구프로젝트에 응모하여 연구주제가 선정되었고, 연구비지원에 의하여 본 연구가 진행되었던 것이다. 이 자리를 빌어 선교회대표 길자연목사님께 감사드리며, 출판을 맡아주신 총신대학교출판부와 원고교정에 수고를 해 주신 여러분들에게도 진심으로 감사를 드린다.

제1장
기독교 복음 선교와 섬김의 사역

　기독교는 그리스도의 복음을 땅 끝까지 전파하는 사명과 과제를 가진 종교이다(마28:19;행1:18). 이것은 하나님을 떠난 세상의 모든 인간들이 그리스도의 복음의 소리를 듣고 주님께로 돌아와 구원의 은총을 입으며, 살아계신 하나님을 섬기며 살아가는 복된 자들이 되도록 하는 일이다. 이것이 기독교 복음 선교의 핵심적인 과제인 것이다.
　그런데 이러한 복음 선교에는 역시 섬김을 필요로 한다고 본다. 왜냐하면 복음 선교는 그리스도의 복음을 전하는 일이기도 하지만, 실제는 이웃과 형제를 섬기고 봉사하는 복음의 실천적인 삶의 행위로 이해되기 때문이다. 여기서 우리는 질문해 볼 수 있을 것이다. 이러한 복음 선교와 이웃을 돕고 섬기는 그 섬김은 서로 어떤 관계에 있는 것인가? 즉 복음을 전파하는 일로서의 선교와 복음을 실천하는 행위로서의 선교는 동일한 것이 아닌가? 그리고 복음전파는 소리로 전하는 모습이지만, 섬김의 행위를 통하여서도 복음은 전파되고 전달되는 것은 아닌지에 대한 신학적인 질문을 가지게 된다. '섬김'은 복음 선교의 주체적 성격을 가지면서도, 동시에 수단의 의미로도 이해되는 그야말로 동전의 양면과 같은 것이 아닌가? 하는 점이다. 우리는 복음 선교사역의 양면이라고 볼 수 있는 복음전파와 섬김 사역의 관계를 더 상세히 살펴보기로 한다.

1. 복음 선교의 과제는 무엇인가?

기독교 복음 선교의 과제는 예수 그리스도가 "너희는 가서 모든 족속으로 제자를 삼고 아버지와 아들과 성령의 이름으로 세례를 주며, 내가 너희에게 분부한 모든 것을 가르쳐 지키게 하라"(마28:19)고 제자들에게 명령한 말씀에 근거한 것으로 이해한다. 이러한 말씀에서 우리는 두 가지 과제를 생각하게 된다. 첫째는 예수님께서 가르쳐 주셨던 천국복음을 모든 족속에게 전하고 가르치며, 그들이 세례를 받고, 예수의 제자가 되도록 하는 일인 셈이다. 둘째는 분부한 모든 것으로 가르쳐 지키게 하는, 즉 복음의 실천에 관한 일인 것이다. 전자는 대체로 복음전파의 관계로 이해된다면, 후자는 복음의 실천으로써 섬김, 즉 이웃을 섬기는 봉사를 생각하게 된다. 이러한 복음 선교의 사명과 과제를 그 당시 사도들은 충실히 실천하였고, 그리스도의 복음 선교는 오늘날까지 지구촌 전체의 모든 인류에게로 나아간 여러 선교사들에 의하여 진행되고 있는 것이다. 그리고 지상에 세워진 그리스도의 교회는 이러한 복음 선교의 사명을 교회의 첫 번째 과제로 삼고 있으며(벧전2:9-10), 또한 복음전파와 섬김의 과제를 성실히 감당하고 있는 것으로 이해된다. 그리고 이러한 과제수행은 예수 그리스도가 다시 오실 때까지 지상에서 계속될 것이며, 그 분의 오심으로 그 일은 종결될 것으로 본다.

그러면 복음 선교의 구체적인 과제는 무엇인가? 먼저 예수가 말씀하시고, 행하시며, 그에게서 이루어진 십자가(대속의 죽음)와 부활(죽음에서의 살아남)의 구원의 소식을 모든 시대와 모든 곳에 있는 모든 사람들에게 알리는 일이라 할 수 있다. 다시 말하면, 복음 선교의 구체적인 과제는 이와 같은 구원의 소식을 전하는 일이며, 하나님의 나라와 그의 통치를 알리는 일(막1:15;눅4:18-19)인 것이다. 그리고 그의 통치를 경험하도록 나타내 보이는 일인 셈이다. 그것을 우리는 복음전파라고 부른다. 생각하면 그러한 복음의 실천으로써 섬김 사역이 요구되는 것이다. 구체적으로 복음전파는 복음을 전하는 일로서, 그리스도를 통한 하나님과 인간 사이에 이루어 진 화해(죄용서)의 소식(고후5:17,20-21;엡2:12-17)을 전하는 일이며, 역시 그것은 하나님의 인간을 향한 사랑을 알리는 일이며(요3:16;요한1서4:7-12), 동시에 그 사랑이 실제로 경험되고 인식되도록 보여주는 실천적인 일이 되는 것이다. 그것은 하나님과 이웃(세상)을 섬기는 사역인 디아코니아와 관계 된 일인 것이다(마5:13-16;마22:37-40;요13:34-35;막10:45;눅10:25-37;마25:31-46). 그러므로 기독교의 복음 선교는 복음을 전하고, 그 복음을 실천하는 양면의 모습을 가진 사역임을 알아야 한다.

2. 섬김의 과제는 무엇인가?

1) '섬김'의 개념이해

'섬김'(디아코니아:$\delta\iota\alpha\kappa o\nu\iota\alpha$)의 개념은 원래 그리스말에서 유래한 언어이다. 동사형에서 '시중을 든다'는 의미로 이해된다.[7] 그것은 식탁에서 손님에게 시중드는 섬김의 일을 말하며, 어떤 일에 걱정하며, 어떤 사람

---

[7] 참고, '$\delta\iota\alpha\kappa o\nu\iota\alpha$' Herman Wolfgang Beyer in: Theologisches Woerterbuch zum Neuen Testament, Hrg.v.Gerhard Kittel, Sttutgart:Kohlhammer, 81f.

들을 돕는 일을 뜻하는 말로 사용되었다. 특히 고대사회에 신분이 낮은 사람(종)이 신분이 높은 사람(주인)에게 시중을 드는 일, 또는 피지배자가 지배자의 시중을 드는 일 등을 가리키는 말로 사용되었다. 그리고 이 말은 삶의 여러 영역에서 도움을 필요로 하는 자에게 도움을 베푸는 인간적인 행위를 가리키는 말로도 사용되었다.[8] 그리고 섬김은 역시 '디아코네인'($διακονειν$) '섬긴다', '봉사한다' 라는 동사형에서 파생하여 두개의 명사형 '디아코니아'($διακονια$)와 '디아코노스'($διακονος$)로 발전하게 된다. '디아코노스'는 시중드는 사람을 가리키며, 섬기는 자로 불릴 수 있을 것이다. 그리고 '디아코니아'($διακονια$)는 여성명사로서 우리말에서 섬김, 봉사 그 자체를 뜻하는 말로 이해된다.[9]

2) 성경에 사용된 '섬김'의 개념

'디아코니아' 란 말은 '섬기는 일'을 가리키는 말로서 신약성경에서 예수님이 비유로 말씀하실 때, '디아코네오' 란 동사형으로 약 36번 사용되었으며, '디아코니아' 란 명사형은 신약성경에 33번 사용된 것으로 보인다.[10] 신약성경에서는 식탁에서 시중드는 일을 표현할 때 사용한 말로 동사형 디아코네인(diakonein)이 사용되었는데, 이 말은 시몬의 장모가 예수님에게서 열병을 치유 받고, 사람들을 시중을 들었다(막1:31)는 표현에서 확인된다. 후에 디아코니아는 교회의 전문용어가 되는데, 즉 사회(이웃)를 섬기는 봉사적 행위를 가리키거나, 또는 교회 내의 섬김의 직분(Amt)을 가리키는 말로 사용되었다(행6:1-4). 중요한 것은 이 개념이

---

8) 참고, Hausschild, 이영미(역),창조적인 목회를 위한 실천신학, 한들출판사, 2000.
9) 참고, H.W.Beyer, :in Theologisches Woerterbuch zum NT.(Hrg.) Gerhard Kittel, Bd.2,S.87.
10) 참고, A.Weiser, Exegetisches Woerterbuch zum Neuen Testament,Hrg.v. Horst Balz u.Gerhard Schneider,2.Aufl.,Bd.I.,Stuttgart,Berlin,Koeln:1992,726.

그리스도의 말씀과 삶에 그 뿌리를 두고 있다는 것이며, 그리스도의 교회는 초대교회에서부터 예수님과 그의 사역과 죽음과 부활은 인류를 위한 섬김으로 이해하였던 것이다. 또한 기독교의 봉사는 예수 그리스도의 인격과 사역에 근거하여 말씀선포에서부터 시작하여 이웃을 향한 크고 작은 선행에 이르기까지 교회의 모든 봉사와 섬김을 통칭하는 말로 사용하였다. 그리고 교회의 모든 직무(직분)까지도 예수님의 이웃을 향한 봉사를 반복하는 의미로 이해되었다.[11]

그러므로 '디아코니아'는 이제 기독교적으로 이웃에게 구원의 소식을 전하는 일로부터 시작하여 인간적인 도움을 필요로 하는 모든 사람들에게 제공하는 '그리스도의 사랑(봉사)의 행위'를 총칭하여 사용하는 말이라고 할 것이다.

3) 섬김의 현대적 의미와 과제

우리말에서 디아코니아는 '봉사', 또는 '섬김'을 뜻하는 말로 이해된다. 즉 이 말은 이웃, 공동체, 또는 사회와의 관계에서 나타내는 인간의 선한 행위로서 봉사와 섬김을 뜻하는 말로 이해되었다. 특히 기독교적으로는 그리스도의 말씀과 정신에 따라서 이웃과 사회를 위해 행하는 봉사로 이해된다.[12] 그리고 그 봉사(디아코니아)는 '복음전파'와 '복음의 실천'이란 관계에서 이해하는 것이 중요하다. 복음전파는 복음전도를 가리키는 말이며, 복음의 실천이란 이웃에 대한 봉사(섬김)를 뜻하는 말이다. 이러한 두 측면의 모습은 바로 예수님의 삶에서 쉽게 발견한다. 즉 그는 사람들에 대한 하나님의 사랑을 계명과 복음으로 가르쳤으며, 또한 실제로 사람들을 사랑하는 모습으로 그 행동을 보여주었기 때문이다. 예수님

---

11) 참고, 김한옥, 기독교사회봉사와 신학, 실천신학연구소, 20-21쪽 이하.
12) 참고, 이삼열, 사회봉사의 신학과 실천, 한울,1992(초판),1999(2판), 11쪽 이하.

의 복음전도와 복음의 실천은 바로 인류를 섬기고 봉사하신 사랑, 즉 봉사였던 것이다. 여기서 섬김은 사회봉사의 의미로 해석된다고 볼 수 있다. 그리고 섬김의 개념이 사회봉사로 이해될 때, 그 성격과 과제는 넓은 의미를 가지게 될 것이다. 즉 디아코니아는 복음 선교의 과제와 관계를 가지며, 이웃을 돕는 사회봉사의 일들과도 관계된 것으로 볼 수 있다.[13]

앞에서 살펴 본대로 '섬김'(디아코니아)이 교회의 세상을 향한 봉사와 섬김의 행위를 가리킨다면, 그것은 예수 그리스도의 복음을 전파하는 일과 관련하여 복음의 증인으로 행동하는 과정에 나타나는 '사랑의 행위'와 관계된 것으로 인식된다.[14] 즉 디아코니아는 예수 그리스도를 통하여 나타난 하나님의 사랑($agap\bar{e}$)을 나타내 보이는 일인 것이다. 특히 그것은 예수님이 말씀하신 이중사랑(하나님사랑과 이웃사랑)의 계명과 관련하여 모든 그리스도인들에게 윤리적으로 요구되는 봉사와 섬김을 뜻하는 것으로 이해된다. 그러므로 '섬김'(디아코니아)은 복음 선교사역에 있어서 밀접한 연관성을 가진 것이며, 그 본질에 있어서 동일한 목표를 가진 것이고, 동시에 목표를 성취하기 위한 수단적 의미로 이해된다고 할 수 있다.

---

13) 참고, 전게서, 12-26쪽 이하.
14) 참고, 박영환, 기독교 사회봉사의 위기와 신학정책론, 서울신대 사회봉사단 출판부, 2001, 8쪽.

제2장
섬김 신학의 이론적 근거

1. '섬김'의 성경적 근거

1) 구약성경에서의 섬김

구약성경에서 사용된 섬김의 개념은 먼저 '아받'(עבד)이란 말에서 발견된다. '일하다', '섬기다'는 말로 명사형은 '에벧'(עֶבֶד)으로 '종'을 뜻한다. 이것은 '하나님의 종', '야훼의 종'으로 표현할 때도 이 말이 사용되었다.[15] 이사야의 중심 내용은 '종의 노래'로 알려져 있는데, 이사야 42장 앞부분의 종은 이방에 공의를 베풀며, 세상에 공의를 세울 분으로 소개되어 있으며, 마침내 섬들이 그 교훈을 앙망하게 될 것을 찬양하였던 것이다. 그리고 이사야 53장은 고난 받는 종의 모습이 그려져 있는데,

---

15) 참고, 이삼열, 전게서, 118-119.

이것은 장차 전 인류의 죄를 대신하여 고난을 짊어지게 될 메시아의 예언으로 이해되는 부분이다. 또한 구약시대에 사회봉사, 또는 사랑의 행위에 해당하는 섬김의 개념 사용은 대체로 바벨론 포로 이후, 유대교의 신앙과 관련하여 선지서 등의 내용에서 확인된 것으로 이해한다. 그런데 이웃사랑의 계명은 이보다 훨씬 더 거슬러 올라가 약속의 땅 가나안을 향하면서 하나님이 모세에게 주신 레위기 19장 17-18절에 제시되기도 하였다. 그러나 특별히 유대교에서는 성전이 붕괴되고 제물제사가 사라진 후에 인간에게 베풀어져야 하는 사랑의 행위는 중요한 의미를 가지게 된 것으로 이해된다. 그러므로 그러한 의미가 초기기독교에 영향을 미치게 된 것으로 보여 진다.[16]

그리고 이웃사랑의 행위에서 랍비들은 토라에서 요구된 계명의 성취와 관련하여 선한행위로 이해되었으며, 돈을 지불하는 형태의 구제와 구별하여 사랑의 행위는 모든 사람의 책임으로 요구되었던 것이다. 특별히 손님을 대접하는 것과 헐벗은 자들에게 입을 옷을 제공하는 일과 고아들을 교육하는 일, 감옥을 방문하는 것과 포로 된 자들을 풀어주는 일, 병자를 방문하여 위로하는 일, 장례를 치루는 일 등은 모두 사랑의 행위에 속한 것으로 간주하였다.[17] 또한 우리는 이러한 사랑의 행위가 하나님이 원하시는 일임을 미가서 6:8절에서 확인하게 된다. 인용하면 "사람아, 주께서 선한 것이 무엇임을 네게 보이셨나니, 여호와께서 네게 구하시는 것은 오직 정의를 행하며, 인자를 사랑하며, 겸손하게 네 하나님과 함께 행하는 것이 아니냐"라고 한 말씀에서이다. 그리고 하나님은 스스로 사랑의 행위에 모범이시며, 유대인이었던 예수님은 누가복음 6:36절에서 "너희 아버지의 자비로우심 같이 너희도 자비로운 자가 되라"고 일러주었던 것이다.

---

16) Hrg.v.G.Ruddat, u. G.K.Schaefer, Diakonisches Kompendium, Goettingen 2005,18.

17) 참고, G.Ruddat u.G.K.Schaefer, Ebenda, 18.

이러한 사랑의 행위에 대한 구약성경의 개념은 이스라엘의 성경적인 신앙의 중심에 그 뿌리를 가지고 있다고 본다. 그리고 일반적으로 '그리스도 이전의 세계는 사랑이 없는 세계'였으며, 구약에 나타난 하나님의 언약은 단순히 율법의 성취에 근거한 구원이었으며, 공의와 사랑의 행위에 근거한 구원은 새 언약에서 나타나게 된 것으로 이해하는 인식은 오늘날 전적으로 거부되고 있는 것을 볼 수 있다.[18] 특별히 프랑크 크뤼제만(F.Cruesemann)에 따르면 구약성경에 나타난 기독교적인 섬김의 개념은 시편의 탄원과 호소의 기도들에서 시작된다는 것을 강조한다.[19] 그는 가장 대표적인 호소와 탄원의 기도를 시편13편을 예로 들어 설명해 주고 있다. 이러한 시편의 탄원과 호소의 기도는 오직 하나님이 긍휼과 자비의 주인이시며, 인간이 부르짖는 고난의 탄원과 호소의 결론은 역시 그 하나님을 의지하고 신뢰하며, 찬양하는 것으로 끝을 맺게 된다. 그리고 하나님은 긍휼과 자비의 주인으로서 그의 공의를 드러내기 위하여 법을 제정하시고, 인간의 억울한 상태를 회복하게 하시며, 돌보시고 보상하시는 모습을 보게 된다. 그리고 여기서 역시 부모와 자식 간의 법칙이 제시된다(출20:12;출21:15,17;신27:16;레19:3;레20:9). 그리고 이웃사랑의 계명(레19:18)은 사회적인 약자의 보호와 밀접하게 연관되어 나타난다.

이런 시각에서 보면 예수님은 신약에서 결코 사랑의 계명의 첫 발견자로 인식되는 것이 아니라, 그는 이미 구약성경에 계시된 하나님의 뜻을 새롭게 밝혀준 인물로 이해되어야 한다는 생각은 설득력을 가진다. 그리고 구약성경에는 가난한자들과 과부들과 고아들, 노인과 이방인들과 종들을 돌보아주도록 명하신 하나님의 말씀이 곳곳에서 제시되고 있음이

---

18) 참고, G.Uhlhorn, Die christliche Liebestaetigkeit, Stuttgart 1895,3. Der berechtigt Protest erfolgt vor allem durch Frank Cruesemann, Das Alte Testament als Grundlage der Diakonie, in: Schaefer/Strom, Diakonie, 44-63.

19) Hrg.v.V.Herrmann u. M.Horstmann, Studienbuch Diakonik, biblische, historische und theologische Zugaenge zur Diakonie, Neukircher, 2006, 58-87.

발견된다. 특별히 레위기19:9-18절의 말씀에서 가난한 자들과 나그네들과 귀머거리와 눈 먼 자들을 보호하도록 명하신 사랑의 계명은 결코 우연한 것이 아니다.[20] 그리고 이미 구약성경의 중심에 나타난 하나님의 뜻은 역시 사람을 사랑하고 돌보는 일에 있으며, 하나님의 구원은 이러한 실존적인 인간의 불행에서 해방되는 것과 깊이 연관되어 있음을 확인하게 된다.

그리고 성경적인 법제정과 계명들이 발전과정에서 더 분명히 종교적으로 이해되었다는 것은 결코 우연한 것이 아니다. 말하자면 하나님의 행위에 상응한 것들로 이해되었던 것이다. 즉 자비롭고 은혜로운 하나님은 고아들과 과부들에게 그들의 권리를 제정하시며, 나그네를 사랑하시며, 그들에게 음식과 의복을 주시는 분으로 소개되었다(출34:6;시103:8). 하나님은 고아의 아버지시며, 과부를 변호하시는 분이셨다(시68:5).[21] 그러므로 사회봉사로서의 섬김은 본래 구약에서 하나님의 뜻이었으며, 역시 신약에서도 동일하게 하나님의 뜻으로 제시되었던 것이다. 그리고 이제 그 사랑은 그리스도 안에서 이루어지게 하였고, 여전히 그리스도 중심에서 지속적으로 실현되게 하신 것임을 알게 된다. 그리고 이사야 1장 10-17절 이하의 말씀에서 보면 이웃을 향한 사랑의 실천과제를 외면한 하나님을 향한 성전에서의 제사와 제물은 그 어떤 의미도 가질 수 없는 일로까지 인지하게 해 준다.

2) 신약성경에서의 섬김

(1) 예수의 가르침과 섬김

섬김을 복음의 실천적 행위로 이해한다면, 예수님의 말씀과 그의 활동

---

20) 참고, G.Ruddat u.G.K.Schafer, 전게서, 19.
21) 비교, 전게서, 20.

의 기록인 사복음서에서 우리는 그러한 섬김을 쉽게 확인할 수 있다. 예수님은 마가복음10:43-44절에서 "너희 중에 누구든지 크고자 하는 자는 너희를 섬기는 자가 되고 너희 중에 누구든지 으뜸이 되고자 하는 자는 모든 사람의 종이 되어야 하리라"고 말씀하였다. 이 말씀에서 '섬기는 자'(diakonos)와 '종'(doulos)의 개념이 병행하여 사용되고 있음을 본다. 역시 '크고자 하는 자'와 '으뜸이 되고자 하는 자'도 동의어로 사용되었다. 이방백성들 가운데서 크고자 하고, 으뜸이 되고자 하는 것은 세상 통치자들의 지배적이며, 군림하려는 통상적인 행위라고 할 수 있다.

그러한 모습에 비하여, 예수님은 제자들에게 세상적인 통치관계는 철저히 변화되어야 할 것을 요구하고 있음을 보게 된다. 즉 그것은 섬기는 종의 모습으로서의 태도변화에 대한 것이다. 이러한 종의 섬김의 태도는 도래하는 하나님의 나라(통치)의 모습에 상응하는 것이어야 한다는 것이었다.[22] 그리고 결정적으로 예수님은 자신이 이 땅에 오신 목적을 섬김의 의미와 관련하여 "인자가 온 것은 섬김을 받으려 함이 아니라, 도리어 섬기려 하고 자기 목숨을 많은 사람의 대속물로 주려 함이니라"(막10:45)고 역설한다. 이러한 예수님의 말씀은 그가 인간으로 오신 목적이 무엇인지를 수용한 전제에서 표현된 것으로, 그의 총체적인 인간을 향하신 하나님의 섬김(사랑)을 말해 준 것으로 이해된다.

예수님은 특별히 가난한자와 병자와 귀신들린 자와 작은 자들과 여인들과 이스라엘의 종교적으로 소외된 자들에게로 오신 분이었으며, 또한 불순종으로 하나님을 잊어버린 세상의 모든 인간을 속량하시고, 구속하기 위한 메시아로서 오신 분이었다. 그리고 그는 하나님의 전 인류를 구원하시려는 뜻에 순종하심으로 실제로 '하나님의 인류의 섬김'이 어떠한지를 보여주신 것이다. 하나님 뜻의 중심인 사랑의 계명은 바로 이러

---

22) 비교, 전게서, 21

한 예수님의 섬김에 상응하는 것이었다고 할 수 있다.

예수님은 실제로 그의 가르침에서 이러한 섬김의 모습을 보여주었는데, 예를 들면 요한복음이 증거하고 있는 대로 제자들의 발을 씻기신 사건(요13:4이하)에서 나타나며, 누가복음의 증거인 그의 종들에게로 향하신 다시 오시는 주님의 섬김에 관한 비유(눅12:37)에서도 나타나고 있다.23) 그리고 예수님의 십자가에 달려 돌아가신 사건은 인류를 구원하기 위한 헌신에 극치를 보여주신 섬김의 모습이었던 것이다(막10:45).

(2) 예수제자들의 섬김

예수님의 총체적인 인간을 향하심이 그의 남녀 추종자들로부터 실제화 되었다는 것과 예수님의 복음사명의 전파는 사랑의 구체적인 행위 없이 생각할 수 없었다는 것은 놀라운 일이 아니다. 여기서 우리는 예수의 제자들이 복음을 어떻게 수용하고 실천했는지, 제자들에게서 반응된 섬김의 모습을 살펴보려고 한다.

예수님의 '섬김'(디아코니아)은 철저히 여러 지역을 순회하는 모습으로 제자들을 섬기는 봉사였음을 확인할 수 있다. 성경에서 보면 예수님과 그의 제자들은 확고한 거주지를 가지고 있지 않았으며, 도래하는 하나님의 통치를 전파하기 위하여 이스라엘 온 땅을 배회하였다. 겉으로 보기에 그들은 다른 지역에서 배회하는 그 당시 걸인들의 모습과 비교된다고 본다. 그 당시 종교적인 동기를 가지고 배회하는 걸인들의 모습은 이스라엘 땅에 흔한 일이었다. 특히 하나님의 나라를 전파하는 일에는 가난을 철저히 익혀야만 했었으며, 전대나, 배낭이나, 신발을 가지고 다니는 일 역시 제자들에게 금지되어 있었다(눅10:4). 예수님은 제자들이 예비적인 의복도 갖지 못하게 하였던 것으로 이해된다(마10:10;막6:9).

---

23) 비교, 전게서, 21.

왜냐하면 하나님의 나라 때문에 가난하며, 가정을 갖지 않았으며, 자기 집을 갖지 않는 것은 선지자의 모습을 표시하는 행위로 해석되었기 때문이다.[24]

이러한 예수에게서 시작된 철저히 배회하면서 천국을 알리는 복음전파운동은 십자가와 부활사건 이후에 더 적극적인 모습으로 나타나게 되었던 것이다. 그리고 예수제자들의 복음전파운동은 이중성을 드러내었다고 보는데, 한 가지는 배회하는 설교자들에게 복음전파를 통하여 돈벌이 하는 일을 금지시킨 일이다.[25] 그러한 사실에 대하여 마태복음10:9절은 잘 밝혀주고 있다. "너희 전대에 금이나, 은이나, 동을 가지지 말고⋯⋯"라고 하였으며, 역시 이러한 관점의 언급들은 다른 신약성경에서도 제시되고 있음을 볼 수 있다. 즉 요한계시록22:17절과 딤전6:5-10절, 고후12:16-18절 등에서이다. 그러나 예수의 제자들은 다른 목적으로 배회하는 설교자들과는 구별하여 목표의식을 가진 지역에 정착된 공동체를 설립하는 일이었다. 그리고 이와 같이 지역에 정착된 예수공동체들에 의하여 손님을 대접하고 돕는 일을 실천했던 것으로 보인다. 또한 정착된 공동체에서는 노동자가 행한 일의 대가인 보수를 받는 것이 원칙이었으며(눅10:7;딤전5:18;마10:10;고전9:6,13,17이하;고후11:13), 또한 공동체가 일꾼들에게 보수를 주는 일이 의무화되었던 것이다.[26] 마태복음은 이러한 지역에 정착된 공동체가 보수의 지불과 디아코니아의 관계를 실천한 모습을 예수님의 약속의 말로 다음과 같이 표현해 준다. "너희를 영접하는 자는 나를 영접하는 것이요, 나를 영접하는 자는 나 보내신 이를 영접하는 것이니라. 선지자의 이름으로 선지자를 영접하는 자는 선지자의 상(보수)을 받을 것이요, 의인의 이름으로 의인을 영접하는 자는 의인

---

24) 전게서, 23.
25) 비교, 전게서, 23.
26) 비교, 전게서, 23.

의 상(보수)을 받을 것이요, 또 누구든지 제자의 이름으로 이 작은 자 중 하나에게 냉수 한 그릇이라도 주는 자는 내가 진실로 너희에게 이르노니 그 사람이 결단코 상(보수)을 잃지 아니하리라"(마10:40-42)고 한 말씀에서이다.[27]

여기서 기독교의 섬김은 정착된 예수공동체에 속한 지체들이 그들 노동자들을 손님으로 대접하는 일에서 연유되었다고 본다. 그들에 대하여 공동체는 사랑의 행위의 책임을 가지게 되었으며, 배회하며 핍박받는 예수님의 형제자매들을 섬기는 일이 예수님을 위한 섬김 그 자체로 이해되었던 것이다.[28] 예수님의 가장 작은 형제들에게 대접하는 것이 곧 내게 한 것이라고 말씀한 마25:31-46의 본문이야기에서 유대교적인 사랑의 행위들이 독특하게 변형된 형태로 소개된다. 즉, 주릴 때에 먹을 것을 주었고, 목마를 때에 마시게 하였고, 나그네 되었을 때에 영접하였고, 헐벗었을 때에 옷을 입혔고, 병들었을 때에 돌아보았고, 옥에 갇혔을 때에 돌본 일들의 모습에서였다.

이러한 사랑의 행위들은 바로 예수님의 가장 작은 형제들에게 유효한 일이었다. 그들을 영접하는 자들은 역시 예수님을 영접하는 일이었던 것이다(마9:35;마10:40). 그리고 이 본문은 원래 기독교의 섬김의 기본텍스트였다고 할 수 있는데,[29] 그것은 모든 남녀 그리스도인들이 세상의 모든 사람들에게 책임지는 사랑의 행위들에 관계 되지는 않았으며, 여전히 예수님의 가장 작은 형제들을 섬기는 행위에 관계된 것으로 이해된다. 즉 배회하며 복음을 전하는 선교사들에게 관련된, 그들을 돌보는 섬김의 행위로 이해하였다.[30]

---

27) 비교, 전게서, 23.
28) 비교, 전게서, 24.
29) 참고, Wilhelm Liese, Geschichte der Caritas(2Bd.), Bd.I, Freiburg 1922, 33.
30) 비교, Diakonisches Kompendium, 전게서, 24.

(3) 초기교회의 섬김

초기교회의 섬김에 대한 사도행전의 저자 누가는 종합적으로 섬김의 두 가지 모습을 알려주고 있는데, 그 첫째는 행2:42-47절의 본문에서이며, 둘째는 행4:32-35절의 본문에서이다. 그것은 초기교회의 소위 공산사회의 모습에 대한 것이다. 그것은 먼저 사도의 가르침을 받고 떡과 잔을 나누며, 기도하면서 서로 교제하는 모습에서였다(행2:42). 그리고 그들은 가진 재물과 소유를 다 팔아 공동체에 가져와서 그 재물을 필요로 하는 자들에게 나누게 된 것이다(행2:45). 그들은 가진 모든 것을 사적인 것으로 생각하지 않고 공동적인 것으로 생각하여 공동체에 내어 놓게 되었던 것이다. 그리고 믿는 자들은 한 마음과 한 뜻이 되어 모든 물건을 서로 통용하고 자기 재물을 조금이라도 자기 것이라 하는 이가 하나도 없었던 것이다(행4:32). 그리고 그들 중에는 한사람도 가난한 자가 없었던 것으로 볼 수 있는데, 그 이유는 각자가 가진 모든 것을 팔아서 교회에 가져다가 사도들의 발 앞에 내어 놓으니 사도들은 필요로 하는 자들에게 그것들을 나누어주었기 때문이다(행4:34). 물론 아나니아와 삽비라의 이야기(행5:1-11)는 자기 소유를 가져와 기쁨으로 가난한 자들에게 나누는 공동생활이 더 이상 가능하지 않는 한계를 보여준 사건이라 할 것이다.

(4) 바울의 복음전파와 섬김

바울은 그의 서신에서 '섬김'이란 말을 아주 개방적으로 사용하고 있음을 본다. 바울은 고전12:6절에서 "여러 가지 사역(섬김)들이 있다. 그러나 주님은 한분이시며 동일한 분이시다."라고 언급하였다. '섬김의 사역'에 병행하여 사용하는 다른 표현은 '은혜의 선물들'과 '능력의 작용들'에 대한 표현이다. 섬김의 사역은 은혜의 선물처럼 방향을 제시하는 개념인데, 모든 은혜의 선물들은 복음전파에서 시작하여 병자의 치유와 방언과 서로 돕는 것과 다스리는 것으로(고전12:28), 그것들은 섬김의 사

역들이며, 그리스도의 몸을 세우는 일에 쓰임 받게 되는 것임을 밝혀주고 있다.31)

이러한 이해에 근거하여 바울은 그 자신이 사도로서의 과제를 하나의 섬김, 또는 봉사(디아코니아)로 이해하고 있음을 보게 된다(고후3:3,6-9; 롬11:8). 그것은 바울이 고후5:18절 이하에서 말하고 있는 것처럼 화목의 직분으로 이해되기도 한다. 그리고 사도 바울은 복음의 봉사자이며, 역시 교회를 섬기는 교회의 봉사자(일꾼)인 것이다(골1:23,25;엡3:7;딤전1:12). 또한 바울의 동역자들은 교회(공동체)를 위한 그리스도의 일꾼들이다. 그리고 이러한 사도적인 직무는 역시 섬김으로 표현되었다. 물론 그러한 섬김은 어떤 경우에라도 모든 것들에 우선하는 복음전파였음을 생각하게 된다. 다만 로마서12:7절에서 섬김은 예언과 가르침 사이에 위치한 것으로 복음전파이기보다는 사회적 영역에서 이루어지는 실천적인 섬김(봉사)이 아닌가 질문된다. 만일 그것이 그런 경우라면, 디아코니아가 은사들의 목록에서 벌써 예언 다음의 두 번째 자리에 있게 한 것은 더 이상한 것으로 여겨진다. 그 때문에 바울에게서 '디아코니아' 란 말은 섬김의 기술적인 표현이 아니라는 것을 생각하게 된다.32)

오늘날 디아코노스(diakonos), 즉 '봉사자(섬기는 자)'란 말이 복음전파자를 위한 직무의 표시로 바울에게서 사용된 것으로 이해되기도 한다. 그러나 그러한 견해는 여전히 불확실한 것으로 보인다. 특히 '디아코노스' 란 말이 후에 라틴어에서 중요한 의미를 가진 현대적으로는 교회의 목사직(minister)과 같은 것을 이해하게 되는데, 여전히 이러한 개념 사용은 성경에서 분명히 확인되지 않는 것으로 보여 진다.33) 생각하면 바울이 고린도후서에서 바울의 반대파들과 논쟁할 때, 그들이 바울을 가리켜

---

31) 비교, 전게서, 26-27.
32) 참고, 전게서, 27.
33) 참고, 전게서, 27.

'그리스도의 봉사자'(diakonos-minister)로 언급한 것인데, 바울은 고후 11:23절에서 이러한 표현을 전적으로 거절하지는 않은 채, 다만 역설적인 의미로 그리스도의 일(복음전파의 사역)을 수행하는 과정에서 겪게 된 그의 수많은 고난과 시련들을 헤아리면서 말한 것이 본문이야기의 중심으로 이해된다.[34] 문제는 교회 안에 가장 중요한 직무인 복음전파의 직무는 '섬기는 자'로 표시하고 공동체사역(섬김)에서 고유한 권한의 책임을 목회자가 갖도록 해 놓은 것은 도대체 어디서 생겨난 것인지는 여전히 질문으로 남아 있다.

대체로 공동체의 사역을 맡아 있는 목사의 직을 하나님의 봉사자로 언급한 것은 이교도적인 언어사용에서 빌려온 것인지, 아니면 바울의 반대자들의 언어사용을 바울이 수용하여 방향을 틀어놓은 것에서인지, 그렇지 않으면 자신 스스로를 '섬기는 자'로 표현했던 예수님의 언어사용에서 따온 것인지는 역시 그 개념 사용이 불분명하다고 본다. 왜냐하면 예수님이 자신을 봉사자로 말한 것은 정확히 말해서 하나님을 향한 봉사이기보다는 이웃과 제자들을 섬기는 자로 표현된 것으로 이해되기 때문이다. 바울에게서도 역시 우리는 사도의 직분이 세상의 통치자들의 모습처럼, 공동체에 군림하고 지배하며, 권한을 향유하는 모습이 아니라, 그리스도의 몸을 '섬기는 자'의 모습, 그 이상도 그 이하도 아님을 생각할 수 있다. 그런 관점에서 보면 바울은 역시 자신을 '말씀의 봉사자'(diakonos)라고 한 것은 예수님의 언어사용에 전적으로 의존하고 있음을 알 수 있다.[35]

(5) 복음의 사회적 영향력과 섬김

오늘날 섬김으로 명명되는 일이 모든 남녀 그리스도인이 책임져야 하

---

34) 참고, 전게서, 27.
35) 참고, 전게서, 27.

는 복음의 과제로 이해하는 것은 원칙적으로 분명한 일이다. 그리고 모든 기독인들은 모든 사람들에게 선한 것을 행하도록 그의 나라에 일꾼으로(섬기는 자)부름 받은 것이다. 바울은 벌써 갈라디아서6:2절에서 "너희가 짐을 서로 지라 그리하여 그리스도의 법을 성취하라"고 일러주었다. 이 말씀은 섬김의 의미가 그리스도의 복음의 사회적인 영향력과 깊이 관계되어 있음을 생각하게 해 준다. 바울은 역시 갈6:9-10절에서도 "선을 행하되 낙심하지 말지니 포기하지 아니하면 때가 이르매 거두리라"고 하였고, "그러므로 우리는 기회 있는 대로 모든 이에게 착한 일을 하되 더욱 믿음의 가정들에게 할지니라"고 갈라디아교회에 권고해 주었다. 그리고 로마서 12:13절에서도 바울은 성도들의 쓸 것을 공급하며 손 대접하기를 힘쓰라고 권고하고 있다. 고린도전서 13장에서도 바울은 모든 은사들의 최상은 사랑이라고 역설하였다. 그 사랑에 근거하여 각 은사들이 섬김의 모습으로 사용되기를 바라고 있으며, 각각의 은사가 또한 그리스도의 공동체를 세우는 일에 사용되어야 하는 것임을 강조한다(엡4:12.16). 더불어 바울은 '우리가 너희를 사랑함과 같이 주께서 피차간과 모든 사람들에게 더욱 너희의 사랑이 풍성이 넘치게 될 것'을 기원하였다(살전3:12). 그러나 이제 그 사랑은 교회 안에 집중되지만, 교회에 한정되는 것이 아니라, 이웃을 향하여 나타나야 할 복음의 영향력임을 생각하게 한다.[36]

바울은 그리스도의 공동체인 교회 안에서 남자와 여자, 종과 자유인, 헬라인과 유대인 사이의 장벽은 원칙적으로 제거되었음을 확인하게 해 주고 있다(갈3:28). 그러나 그는 그 시대의 사회적 환경과 구조이해의 범주 안에서 그리스도의 복음의 윤리적 행위를 말해주고 있는 모습이다. 그 때문에 부자와 가난한 자 사이의 장벽의 깨트림에 관해서 그는 물론

---

36) 참고, 전게서, 28.

아무것도 말하지 않는다. 오늘 현대적으로 질문하게 되는 사회적 물음은 바울에게는 그 당시 근본적인 문제로 아직 인식되지 않았던 것으로 여겨진다. 바울의 관심은 다만 그리스도의 복음이 하나의 지평과 사회적 차원을 가져야 하는 그리스도의 몸 안에서의 성도의 교제에 있음을 강조하였던 것이다. 그리고 고대 가정들의 계급적인 구조들은 완화된 것으로 보이지만, 바울에게서 완전히 제거된 것은 아니었음을 확인하게 된다(골 3:18-4:1).[37]

그러나 누가는 바울과는 좀 더 다른 적극적인 관점을 제시한다. 특히 다른 신약성경의 저자들보다 가난함과 부유함의 문제를 가장 예리하게 인식하고 있었던 것으로 보인다. 누가복음16:19-31절에 보면 가난한 자의 삶이 얼마나 비참한 것인지를 누가는 가장 분명하게 인식하였다. 그리고 그러한 가난의 정황들의 변화에 대한 희망을 가장 분명하게 표현해 주고 있기도 한다(눅1:53이하; 6:20,24이하).

역시 누가는 예수 시대에 제자들의 절대적인 소유포기에 관하여 말하고 있으며(눅5:11,28;14:33), 초대교회의 소유의 나눔인 교제에 관하여도 말해주었다(행2:44-45). 그의 의도는 아마도 부자들과 그의 독자들에게 사회적인 책임의식을 일깨우려는 것에 있었음이 분명해 진다. 소유의 판매는 가난한 자들의 자선을 가능케 해 준 것으로 이해된다(눅12:33). 그리고 누가는 역시 주님의 뜻이라고 볼 수 있는 '주는 것이 받는 것보다 복되다'(행20:35)라는 황금률을 언급하였고, 그 말은 오늘도 우리 기독인들에게 깊은 교훈을 주고 있다고 본다.[38]

여기서 우리는 예수님에게로 돌아옴은 가난한 자들을 위한 사회적 책임 없이는 가능한 일이 아니었음을 생각하게 된다(눅3:10-13;16:9;19:8-10). 결과적으로 예수님의 제자들이 이해하고 실천한 섬김

---

37) 참고, 전게서, 29.
38) 참고, 전게서, 29.

은 복음의 실천인 디아코니아를 통하여 이웃과 사회에 미치는 복음의 영향력이 되어야 한다는 사실을 잘 보여주고 있다.

(6) 교회연합과 섬김의 관계

바울이 선교사역에서 섬김의 중요한 실천적인 모습을 보여준 것은 자신이 설립한 선교지역의 여러 교회들에게서 헌금을 수집하여 예루살렘 교회의 성도들을 도운 일에서였다. 그것은 그 당시 예루살렘 지역에 발생한 기근으로 성도들이 어려움에 처하게 된 정황을 도운 섬김이었다(고후8장). 이 일은 우선적으로 사회적인 정황에서 이루어진 것이기보다는 신학적인 정황에서 이루어진 것으로 이해된다.[39] 물론 헌금 수집은 하나의 사회적 관점을 가지게 되며, 예루살렘 교회 성도들의 부족한 것을 채우는 일에 기여하게 되었다(고후9:12). 그러나 바울이 고후9장 전체에서 말하고 있는 내용을 종합하면, 이러한 사회적이며, 성도들의 부족을 채워주는 일에 기여하는 것보다 더한 의미는 성도들을 돕는 봉사(diakoneo)이며(고후9:1), 이러한 섬김(diakonia)은 감사의 기도이며, 하나님의 찬양에 있다는 것이다(고후9:11-15). 왜냐하면 그것은 포괄적으로 이루어지는 성도의 교제(koinonia)에 대한 표현으로 이해되기 때문이다. 그리고 그리스 지역과 마케도니아지역의 이방 그리스도인 공동체가 예루살렘교회의 성도를 돕는 섬김에 기꺼이 참여함으로써 영적이며, 육체적인 모습으로 성도의 고난에 참여하는 형제사랑의 교제를 보여주기 때문이다(롬15: 25-29).[40] 그리고 이러한 섬김은 이제 모든 사람들을 향한 섬김으로서, 그것은 교회의 연합정신(koinonia)과 함께 실천되기를 사도 바울은 희망했던 것이다(고후9: 12-13).

---

39) 참고, 전게서, 30.
40) 참고, 전게서, 30.

이러한 교회연합정신이 보여준 섬김의 중요한 의의는 다만 돈(물질)이 아니라, 마케도니아의 교회공동체들이 스스로 주님과 사도들을 위하여 헌신한 일이었다(고후8:5). 헌금에 동참한 일은 그리스도 사랑에 감동된 자들의 그 사랑의 실천적인 증거이며(고후8:24), 하나님이 고린도에 있는 교회에 선물하시는 은혜의 결과인 것이다(고후9:8).[41] 바울은 모든 섬김의 궁극적인 근거를 예수 그리스도 안에서 찾고 있는데, 그는 '예수 그리스도는 원래 부유한 분이었는데, 너희들 때문에 가난하게 되었으며, 그것은 그의 가난을 통하여 너희가 부요함을 얻게 하기 위함임을 증거해' 주고 있다(고후8:9). 그리고 바울은 역시 공관복음서에서 보여준 예수의 세상에 오심의 목적인 인류의 섬김(막10:45)에 근거하여 섬김의 성육신의 의미를 더 깊이 생각한 것으로 판단된다. 또한 섬김은 지역교회를 뛰어 넘어 교회연합적인 차원의 섬김의 사역으로 발전되어야 함을 보여주는 것으로 이해된다.[42]

(7) 섬김의 제도화의 모습

섬김의 제도화는 먼저 유대교에서 주목할 만한 것이 있음을 생각하게 된다. 역사가 요세푸스의 기록에 따르면 유대교 중에 에센파에 의하여 각 도시에 손님들을 대접하고 돌보는 사람과 공공재산의 관리인이 있었던 것으로 알려져 있다.[43] 그리고 모든 회원들은 매월 적어도 이틀간의 임금을 관리인에게 넘겨주어야 했다. 그 관리인은 그것으로 고아와 가난한자와 노인과 나그네와 처녀들을 돌보는 일을 책임지게 했다는 것이다. 그리고 유대교의 회당들에서는 미쉬나(탈무드의 토대)에서 규정하고 있는 대로 두 명의 자선을 담당하는 자가 있었으며, 지역에 거주하는 가난

---

41) 참고, 전게서, 30.
42) 참고, 전게서, 30.
43) 참고, Josephus Bell, 2:123,125.

한 자들을 돌보기 위하여 십일조를 모으고 나누는 일을 책임지게 했다는 것이다.[44] 아마도 이러한 유대교의 제도는 초기 그리스도의 공동체(교회)에 그대로 영향을 미친 것으로 이해된다.

우리는 특히 신약성경 가운데서도 목회서신과 사도행전 등에서 초기 교회공동체가 섬김의 제도화를 시도하는 모습을 보게 된다. 그것은 교회 내에 디아코니아의 직분이 생겨나게 된 근거라고 본다. 그리고 사람들은 그러한 섬김의 직분을 청원했던 것으로 여겨진다. 이러한 직분을 얻으려는 자는 윤리적인 자격과 흠 없는 가족생활이 전제조건이었다(딤전3:8-12). 바울은 교회가 이들에게 집사(diakon)의 직분을 맡기기 전에 먼저 시험해 볼 것을 디모데에게 권고하였다. 그리고 그 직분에는 여성도 포함되어 있었던 것으로 이해된다. 그러나 이러한 디아콘으로 불리는 집사의 직분은 언제나 감독의 직분 다음에 언급되어 교회 내에서는 부차적인 직분으로 인식되었다고 본다(벧전4:10이하).[45]

목회서신들에 따르면 교회 내에서의 봉사적인 과제는 다만 한정된 사람들만이 책임을 지게 한 것은 아니었던 것으로 보인다. 즉 과부들의 돌봄은 먼저 그 집에 속한 가족들의 책임이었으며, 계속적으로 친척이 그들을 돌보게 하였던 것이다(딤전5:4.16). 개별적으로 부자인 사람들에게는 그들의 가진 재물로 선을 행하고 선한 사업을 하며, 나누어주기를 좋아하는 자들이 되라고 권고하였고, 이러한 모습은 좋은 터를 쌓아 참된 생명을 취하는 일로 해석되어 봉사하는 일에 힘쓰도록 권고하기도 하였다(딤전6:17-19).[46]

섬김의 모습은 사도행전에서 7명의 집사를 세우는 사건의 이야기에서 발견된다(행6:1-7). 여기서 누가는 디아코니아를 '말씀의 봉사'(diako-

---

[44] 참고, Starck-Billerbeck: Kommentare. Bd.2, Muenchen 1924, 643-647.
[45] 참고, G. Ruddat u. G. K. Schaefer(Hrg.), 전게서, 32.
[46] 참고, 전게서, 33.

nia tou logos)와 대접하는 '식탁의 봉사'(구제의 봉사)로 구분하였다. 그리고 말씀과 기도하는 일의 봉사(diakonia)는 사도들이 맡게 되었으며, 구제하고 돌보는 식탁의 봉사는 집사들의 몫이 되었고, 사도들의 봉사는 집사들의 봉사직의 위에 위치하는 계기가 되었다고 볼 수 있다. 그러나 여기서 중요한 것은 누가는 교회 내에서 발생한 충돌로 인하여 그 일들의 각각의 중요성을 제기하게 되었고, 그 문제를 제도화함으로 해결하려고 했던 것이다. 누가의 시대에 집사들(diakonen)이 얼마만큼 복음전파의 과제에 관여했는지는 사도행전에서는 분명하지 않다고 본다. 예루살렘 교회에 세움 받은 7명의 집사들 가운데 스데반과 빌립의 경우는 집사의 직분에 한정되기보다는 복음전파의 사역을 병행했던 것으로 이해된다. 물론 누가는 그들을 사도행전 6장 1-6절의 본문 외에 그 어디에서도 집사라고 언급하지는 않았던 것으로 보인다(물론 한국교회의 성경 새 번역에서는 집사로 번역하지도 않았음). 그리고 사도행전은 자선행위가 모든 교회구성원들이 감당해야 할 과제라는 것을 분명히 해준다는 점이다. 예를 들면 행전9:36절에서의 다비다의 모습, 행10:2절에서의 코넬리우스의 모습, 그리고 누가의 부자들을 향한 자선행위의 여러 권고들이 그것을 대표한다고 본다.[47]

지금까지 우리는 성경적인 섬김의 이해를 살펴보았는데, 특히 구약과 신약의 관계에서 섬김의 사역이 어떻게 이해되었는지를 살펴본 것이다. 다시 한 번 간략하게 정리해 보면 우리는 여기서 몇 가지 교훈을 받을 수 있다. 즉 신약성경이 보여주는 디아코니아는 교회의 절대적인 과제이거나, 또는 필수적인 하나의 과제가 되었던 것이 분명해 진다. 구약 성경적이며, 유대교적인 섬김의 유산은 신약성경에서 점점 진하게 드러난다는 점이다. 특히 신약에서 예수님이 하나님의 나라의 도래를 전파한 것과

---

[47] 참고, 전게서, 33.

그가 스스로 경험할 만한 하나님의 나라의 표지를 만들었던 것은 예수님이 남긴 유산에서 분명히 드러난다는 점이다. 그런 관점에서 보면 예수님은 인간의 사랑과 통합과 건강과 몸과 영혼의 만족을 위하여 섬겨주신 봉사자(Diakonos)였던 것이다. 그 때문에 가장 초기의 예수 공동체를 위하여 복음전파와 섬김의 사역은 함께 있는 일이었다. 역시 그것은 복음전파가 바로 섬김이었다고 할 수 있다. 특별히 바울에게서 전파되는 복음의 진리는 사랑의 경험과 실천에서 서로 분리되지 않고 결합되어 있는 모습이었다. 그리고 모든 은사들은 가르침과 동일하게 사랑 안에서 최상의 표준으로 교회의 세움에 사용되었던 것이다. 그러므로 그 모든 것들이 '섬김'이었던 것으로 설명된다. 교회의 모든 지체들은 실제로 하나님을 섬기고 세상(사람)을 섬김에 부름 받은 자들이었다. 후기 시대에 디아코니아는 제도화의 경향을 보여주었다. 가르침과 실천적인 봉사는 감독의 직분과 남녀 집사의 직분으로 교회 내에서 제도화되었다. 그리고 복음을 증거 하는 일과 봉사가 서로 분리된 것은 아니었다. 그러나 가르침의 직분은 점점 섬김의 직분에 우선하는 위치를 얻게 되었다. 그리고 가르침의 직분 곁에서 교회는 사랑의 행위와 손님접대와 가난한 자들을 돌보는 일을 따로 요구하게 되었던 것 같다. 그 때문에 섬김은 교회 전체의 필수적인 과제가 되었으며, 가르침과 신학보다도 더 높게 더 많이 요구되는 필수과제가 되었던 것으로 이해된다.[48]

---

48) Ulrich Luz, Biblische Grundlagen der Diakonie, in: G. Ruddat u. G. K. Schaefer(Hrg.), Diakonisches Kompendium, Goettingen 2003, 34-35.

2. 섬김 사역의 역사적 근거

기독교선교의 역사는 복음전파의 역사이며, 이방인을 기독인들로 개종시키는 일이 중심에 있었다. 그러나 이러한 선교역사에는 복음전파가 중심적 행위이면서 실제적으로는 이웃을 섬기고 봉사하는 사랑의 행위가 동반되었음을 확인 할 수 있다. 그러므로 기독교선교는 디아코니아의 역사라고 해도 과언이 아닐 것이다.

여기서 우리는 기독교선교가 복음전파와 섬김 사역의 밀접한 관계를 어떻게 역사 속에서 실현시켜 왔던지를 밝혀보려는 것이다. 사도 이후의 시대, 즉 고대 교회에서 시작하여 현대교회에 이르기까지 다루게 될 것이다.

1) 고대교회의 섬김 사역

초대교회에서의 디아코니아는 예수 그리스도에게서 주어진 계명과 관련하여 '이웃사랑'에서 시작하여 모두를 위한 하나의 섬김으로 확대되었다. 특히 성령의 은사(카리스마)와 관련하여 섬김의 의미가 이웃에서, 전체에로 나아가게 된다. 그리고 고대교회에서의 섬김의 사역은 이웃사랑에서부터 시작하여 성직의 직분으로 발전하는 모습을 보이게 된다.

AD 64년 네로 황제의 시대부터 313년 콘스탄틴 황제가 기독교에 종교의 자유를 허용할 때 까지 기독교는 많은 박해와 이단으로 인하여 혼란 가운데 처하게 되었다. 고대교회의 영지주의자의 활동과 몬타니즘의 활동, 마르시온의 등장은 기독교 신앙의 진리를 왜곡하여 영적인 것을 중히 여기고 육체적인 것을 하찮게 여기는 풍조에 빠지게 하였다. 또한 로마 황제들의 기독교에 대한 박해 때문에 많은 그리스도인들은 핍박을 받게 되었다. 그러나 기독인들은 이웃을 사랑해야하는 복음의 진리를 잘 알고 믿고 있었기에 그들은 가난한 형제들과 이웃 사랑에 가장 헌신적이며 모범적인 모습을 보여주었다.[49] 특히 이 기간의 기독인들은 성경이 교훈하는 대로 가난한 자와 고아와 과부, 그리고 수감자들을 돌아보는 일에 모범이었다.[50] 이러한 정황에서 교회 내에서 말씀의 직임과 봉사의 직임이 상호 연관되면서 직분으로 명명되어 나타나게 된다. 그것은 장로, 감독, 집사의 직분들이다. 이러한 사실은 로마의 클레멘트가 96년경 고린도에 보낸 편지에서 확인된다.[51] 그러나 디다케의 문서에서는 그 어디에도 장로라는 직분의 명칭이 언급되어 있지는 않다. 다만 디다케의 저자는 감독과 집사를 뽑을 것을 공동체에 요구하고 있는 것을 본다. 감독은 교회를 대표하는 직분이었지만, 집사는 아마도 주일예배의 예전과 연관성을 가졌던 것이 분명하다.[52]

고대교회 교부인 안디옥의 이그나티우스(Ignatius)가 소아시아 여러 지역에 쓴 편지들에서 '장로-집사-감독'이란 교회내의 직분 구조가 나타난다. 감독의 권위 하에 있던 시기부터 장로들과 집사들이 영향력을 발휘하기 시작하였다. 장로는 감독직과 연관된, 즉 사도적 말씀직무와 연관되었다. 이그나티우스에 의하여 항상 세 번째 서열로 언급된 '집사'는 '예수 그리스도의 일'을 수행했던 것이다. 그리고 이러한 직분들은 성직의 구조라는 틀에서 조직화되었고, 이 조직은 명확한 계급적 단계로 인식되었다.[53]

이그나티우스에게서의 섬김 사역은 예수 그리스도의 섬김 사역에서

---

49) 참고, 김한옥, 전게서, 209-218쪽 이하.
50) 참고, 디다케, 12장 1-5, 13장 1-7. Lucian, De mort, Pereger 12-13, in: Robert M,Grant, 김한옥의 책 222쪽 각주 309 재인용.
51) 비교, G.Hammann, Die Geschichte der christlichen Diakonie, Goettingen 2003, 33.
52) 참고, G.Hammann, 34.
53) 참고, 전게서, 35.

위임된 것으로 이해되었다. 즉 그것은 그리스도의 사랑의 구현이었다. 섬김의 직분은 직접적으로 감독의 직분에 귀속되었다. 그리고 교회의 눈으로서 기독인의 변화된 삶의 스타일과 이방 도시의 정황에서 유래와 성과 신분에 따른 여러 가지 모습의 교제의 계획을 강화하고, 올바르게 견지하도록 하는 과제가 원칙적으로 집사에게 귀속되었다. 즉 집사들은 기독교신앙과 교회의 실천과 이방세계에서의 어려운 일상의 삶을 돕는 역할 사이에 가교역할을 해야 했다.[54] 이러한 집사의 사회적 기능은 교회가 디아코니아의 정신을 잘 느끼도록 하고, 도움을 조직화하고, 교회의 수단들을 올바르게 나누고, 교회 내에서 감독의 직분의 사명을 잘 돕는 과제가 첨가되었던 것이다. 하나님의 사랑과 이웃사랑 과제의 밀착은 예전적인 과제 안에서 선언되었다. 즉 집사들은 가져온 여러 선물들을 모으고, 나누어 주는 역할을 해야 했다.[55]

2-3세기로 오면서 기독인들의 섬김의 모습이 어떠했는지는 로마 황제 율리안이 363년 1월에 앙카라에 있는 대제사장에게 보낸 편지에서 그 단면을 엿볼 수 있다. "우리는 무신론자들이 단지 정성을 다해 외국인들을 돌보고, 장례식을 도와주는 등의 행위들을 통해 그 세력을 확장 시키고 있음을 주목해야 할 것이다."[56] 이 글에서 무신론자들은 기독인들을 가리키는 말이며, 그리스도인 개개인의 이웃을 향한 봉사활동이 어떠했는지를 이해하게 하는 내용이다. 물론 이 기간에 여전히 노예제도가 만연되어 있었는데, 로마교회는 그 일에 대하여 어떠한 입장을 제시하지는 않았다. 그러나 부분적으로 교회는 노예를 해방시키려는 의지가 있었고, 또한 노력들이 결실을 거두었다고 본다.[57]

---

54) 참고, G.Ruddat u.a., 전게서, 39.
55) 참고, 전게서, 39.
56) Klaus Theraede의 글, Hrg.v. Gerhard K. Schaefer u. Theodor Strohm, Diakonie-biblische Grundlagen und Orientierungen Heidelberg 1990, 44-63에서 재인용.
57) 참고, 김한옥, 전게서, 236-238.

역시 3세기경에 이르러 섬김의 직무는 감독에 의하여 관리되면서 공예배를 도우며, 사회봉사를 돕는 임무가 병행되었던 것을 알 수 있다. 그 일은 성찬식에 사용할 제물수집과 가난한 자들을 도울 수 있는 물질 수집과 병행되었다고 본다. 그리고 시리아지역 교회법에는 여성으로서 봉사 직을 맡은 자들이 여성세례준비자들의 신앙교육을 담당하거나, 그들에게 세례를 베풀기도 했으며, 또한 환자들을 돌보는 사역을 맡아 수행했다는 것이 명시되어 있다.[58]

이 기간의 섬김의 책임은 여러 행동실천분야에서 구체화되었던 것으로 이해된다. 즉 섬김은 사회적인 도움을 필요로 하는 자들의 상징으로서 고대에 과부와 고아들을 돕는 사역으로 이해하였다. 하나님의 제단으로 간주된 과부들을 위한 도움은 음식재료의 제공과 후에 재정을 지원하는 일들로 나타나게 되었다. 이 일들은 후에 교회의 여성들에게도 영혼의 돌봄과 봉사적인 과제를 수행하는 직분으로 부여되었다(딤전3:11). 고아들의 돌봄은 부모가 박해로 인하여 사망했을 때, 그들을 돌보는 일이었다. 병자들의 돌봄은 예배에서의 형제를 돕는 기도에서 이루어졌는데, 성찬의 운반이나, 방문이나, 가사의 돌봄으로 표현되었다. 나그네를 영접하고 환대하는 일은 다른 지역교회의 지도자나, 성도들의 방문을 받았을 때 이루어졌다. 주로 박해로 인하여 도망치는 기독인들에게 행하는 일이었다. 감옥에 갇힌 자나, 추방된 자들에게 위로와 고난을 덜어주는 일들이 디아코니아의 사역들이었다. 박해로 인하여 죽은 자들을 장사해 주는 일도 포함되었다. 예외적으로 기독인 종들의 자유를 위하여 교회의 돈이 사용되기도 하였다. 교부 크리소스톰(349-407)은 인간 위에 인간이 지배하는 종들을 삼는 일을 죄로 비난하였다. 이러한 도움의 제공을 위한 수단으로는 예배에서 수집된 성도들의 헌신적인 헌금을 사용하였으

---

58) 비교, H.Krimm, Quellen zur Geschichte der Diakonie, Stuutgart Bd.2,o.J(1960), 167-169.

며, 후에 교회는 섬김의 과제 수단으로 교회의 헌금을 전체의 50%정도를 사용하는 관례를 가지고 있었다.[59]

2) 로마교회의 섬김 사역

4세기경 로마의 콘스탄틴 황제가 기독교로 개종하고, 기독인 황제의 배려로 교회는 조직화되고 제도화되면서 기독인 개개인의 봉사활동은 점점 힘을 잃어갔다고 할 수 있다. 개별적인 섬김의 모습은 나타나지 않았으며, 이제 섬김은 인심이 후한 집권자나, 재물이 많은 사람이 가난한 자에게 베푸는 자선행위로 특징지어 졌다고 할 수 있다. 그리고 기독인이 된 황제 테오도시우스 1세(379-395)의 부인인 플라킬라(Flacilla)는 자선행위를 많이 실천한 분으로 알려져 있다. 또한 요한 크리소스톰(J.Christostomus)은 콘스탄티노풀의 감독으로 그 당시 성직자들의 부패와 타락을 방지하기 위하여 노력하였는데, 성직자들에게는 엄격하고 청빈한 생활을 강조하였고, 감독의 저택에 소유한 장식품들을 팔아서 가난한 자들을 구제하는 일에 모범을 보여 주었다. 평신도들에게도 복음서의 가르침대로 도덕적이며 검소한 생활을 하도록 가르쳤던 것이다.[60]

기독교가 국가종교로 발전하면서 교회는 가난한 자들을 돌보는 사역을 잊어버리고 있었으나, 로마교회는 다시 가난한자들을 돕는 자선행위를 공적으로 수행하도록 제도화하였다. 교황 바실리우스 체자레아(B.v.Caesarea:?-379)는 빈민과 병자들과 이방인들을 돌보는 시설을 만들게 하였고, 주교의 책임하게 금욕적인 지도자들에 의하여 운영되도록 하였다. 교황 그레고어 대제(Gregor der Grosse:590-604)이후에 섬김의

---

59) 참고, G. Ruddat u.a., 전게서, 38-39.
60) 참고, 김한옥, 전게서, 249-250.

사역은 수도원의 사역으로 넘겨졌다.[61] 그러다가 섬김 사역은 수도사의 개별적인 행위로 한정되었다.

약 6세기경 로마 교회의 디아코니아는 교회를 벗어나 철저한 예수의 제자로 살려는 사람들에 의하여 시행되었는데, 개별적으로 수도원 생활과 수도사의 모습에서였으며, 가톨릭의 신부나 수녀들의 생활에서 실천되었다고 본다. 특히 베네딕트 수도원은 창시자 베네딕트가 로마 동쪽의 산악지방 동굴에 들어가 은둔생활을 하다가 529년에 수도원을 세우게 되었는데, 그가 제시한 수도원 생활의 '수도규칙'에 명시된 내용에서 그의 섬김의 관점과 실천의 모습이 어떠했는지를 엿볼 수가 있다. 그의 자선행위의 강조, 병든 형제들을 돌보아 줄 것에 대한 규정, 노인과 어린 아이들을 돌보는 일 등에 대한 것들이 수도사의 규정에 주지되어있다.[62] 그리고 특별히 마태복음25장 31절 이하의 말씀에 명시된 자비의 행위들은 수도원의 신앙실천의 하나의 통합적인 구성요소가 되었다. 그리고 수도원들은 구원과 치유를 경험하게 되는 폭력을 통하여 특징 지워진 사회로서 여러 지역들에서 도망 온 자들의 도피장들이 되었다.[63]

수도원들에서 시행된 사랑의 실천은 예전과 관련하여 특별한 의식 안에서 다음과 같이 표현되었다. 즉 사람들은 수도원 입구에 와서 도움의 자선과 여행 중에 먹을 식량이나, 의복, 옷가지 덮개 등을 지원받았다. 교회의 축제일에는 특별히 자선을 넉넉하게 베풀었다. 순례자와 가난한 자들의 숙소에서 가난한 자와 병자와 순례자는 그리스도가 오신 것처럼 영접되었다. 숙박과 일상품의 돌봄이 제공되었고, 극심한 자들은 수도원에 오래 머물 수도 있었다. 그리고 사랑의 실천에 근거한 근본태도는 특별히 예전적인 형태로 보여 지게 되었다. 도착한 분들에게는 발을 씻겼

---

61) 참고, Hausschild, u.a., Ebenda. 282.
62) 참고, 김한옥, 전게서, 258-260.
63) 참고, G.Ruddat u.a., 전게서, 43.

으며, 여러 수도원들에서는 오래 숙박하는 분들에게 매일 그와 같은 섬김이 이루어졌다. 마치 그리스도에게 경배하듯 섬겼던 것이다.[64] 그러나 13세기경 이래로 사회적 상황은 변화를 거치게 되었다. 가난한 자들을 돌보는 과제는 감소되었고, 예전적으로 형성된 수도원에서의 사랑의 행위도 의식적으로 낡아지게 되었다. 게다가 수도원들은 가난의 새로운 형태를 이루고 있는 도시생활에 전혀 접근하지 못하는 어려움을 겪게 되었던 것이다.[65]

3) 중세교회의 섬김 사역

중세 시대는 로마제국이 멸망하고, 지방 분권적인 통치체제라 할 수 있는 봉건제도가 확립된 시기였다. 그러나 십자군 전쟁을 거치면서 봉건제도는 다시 무너지게 되었고, 정치적이며, 경제적인 불안과 빈번한 전쟁과 천재지변은 많은 사람들을 빈곤과 노예생활로 내 몰리는 정황이 속출하게 하였다. 그리고 가난한 자를 구제하는 일에 교회는 더욱 열중하게 되었으며, 시설을 통한 조직적인 봉사가 활발하게 이루어졌다.[66] 점차적으로 구라파의 인구가 2,500만에서 5,000만으로 증가되면서 도시문화는 다시 번영의 시대를 맞이하게 되었으며, 경제와 상업이 활발하게 발전하였다. 도시의 생활은 복지적으로 발전하였고, 새로운 형태인 도시의 가난이 특별히 확대되었으며, 동시에 평신도들의 자선행위 역시 번영의 시대를 경험하게 되었다. 가난한 자들을 돕는 자선행위는 대중의 현상이 되었으며, 특별히 도시의 시민 엘리트에 속한 자들이 구빈원이나, 양로원, 순례자의 숙박소, 환자들의 입원실, 나병환자들의 거처 등의 후

---

64) 참고, 전게서, 44.
65) 참고, 전게서, 44.
66) 참고, 김한옥, 전게서, 269.

원기관을 설립하는 사회적인 책임을 넘겨받게 되었다. 그리고 이러한 자선 실천의 배경에 자선에 대한 의무를 강화하고, 가난한 자들의 사회적 통합을 강조한 적극적인 신학논쟁이 있었다. 특히 가난한 자들에 대한 관심은 무조건적인 사랑의 표현으로 해석되었으며, 의의 요구로 해석되기도 하였다. 부자들은 가난한 자들에게 그들의 가진 것을 나누어 주도록 책임을 일깨우게 되었다. 반대로 가난한 자의 선한행위로서 자선을 베푸는 부자의 영혼구원을 위하여 기도하는 것이 강조되었다.[67]

평신도들의 헌금하는 선행은 형제단들을 통하여 강하게 인지되었던 것으로 이해된다. 사랑을 실천하는 형제단은 기도의 형제단에서 발전했다. 특별히 탁발수도회를 통하여 영감을 받으면, 형제단들은 가난한 자들과 병자들을 돕는 쪽으로 기울어졌다. 그리고 1096년 예루살렘에서 첫 십자군과 관련하여 설립된 요한의 탁발회의 평신도형제단이 특별한 윤곽을 1099년에 보여주었다. 십자군의 기사들은 도움을 필요로 하는 자들을 위한 도움과 신앙의 증거에 헌신했던 평신도형제단을 결속시켰다. 거기서 병자들의 돌봄과 순례자를 보살피는 일이 그 중심에 있었다. 요한 탁발회의 예루살렘에 설립한 병원에서 약 200명의 환자를 돌볼 수 있었으며, 그들은 우리 주님의 병자들로 불리게 되었다. 후에 아랍세계의 영향으로 치료기술과 환자 돌봄의 방식을 수용하게 되었다(1182).[68]

12-13세기경 프란시스 수도원의 창시자인 프란시스 폰 아시시(1182-1226)는 개인적으로 예수님의 가난한 삶을 강조하면서 섬김의 모범을 보였던 대표적인 인물이다. 그 후 프란시스 수도원의 수도사들의 섬김은 모든 사람들이 감탄하고 존경했던 것으로 알려져 있다.[69]

중세 로마교회에서 역시 부자들은 가난한 자와 병든 자들을 위한 병원

---

67) 참고, G. Ruddat u.a., 전게서, 45.
68) 참고, 전게서, 45.
69) 참고, 전게서, 46.

을 설립하는 봉사적인 일을 수행했던 것으로 알려져 있다. 그러나 섬김의 행위를 통하여 죄 사함을 받으려는 생각은 복음의 정신에는 맞지 않는 일이었다. 그럼에도 불구하고 16세기에 로마가톨릭교회는 기부금으로 죄를 용서받는 길을 만들어 냈으며, 베드로 대성당 건축을 위한 헌금이 죄를 용서받는 선한구제행위로 제시되어 큰 물의를 빚게 되었고, 그것이 종교개혁을 초래하는 원인이 되었던 것이다.

4) 종교개혁시대의 섬김 사역

종교개혁시대의 가르침의 중심은 역시 칭의의 가르침에 근거하였다. 칭의론은 구제하는 행위가 속죄의 능력이며, 공로적 행위의 의미에서 자비를 베푸는 일이 영생을 보증할 수 있으리라는 기대를 전부 무너뜨렸다. 칭의론의 경험은 이웃의 구제행위를 믿음의 열매로 이해하게 하였으며, 이웃을 향한 선한 행위는 오직 믿음에 근거한 그리스도의 이웃사랑의 실천으로 이해되도록 섬김의 모습을 바로 잡아 주었다고 할 수 있다.[70]

이웃사랑과 선한행위는 하나님에게서 선물된 구원에 대한 감사함의 표현으로 반응되어야 할 일로 이해되었다. 그러므로 종교개혁은 하나님의 자비로운 은혜에 근거를 가진 그리스도인의 자유가 다른 사람에게는 그리스도가 되고, 자발적으로 이웃을 섬기게 되는 것이 섬김의 사역임을 분명하게 해 주었다고 할 수 있다.

(1) 루터(M.Luther)의 섬김 사역의 이해

1517년 루터(1483-1546)는 구원은 선한 행위로 획득할 수 있는 것임을 가르치고 믿게 했던 그 당시 로마가톨릭교회의 잘못된 가르침을 반박

---

[70] 참고, 전게서, 47-48.

하고, '오직 믿음(sola fide)으로만' 얻게 되는 일임을 천명하였다. 특히 면죄부판매에 대한 비판과 함께 인간의 선한행위는 믿음에 근거해야 하며, 믿음의 열매이어야 함을 강조하게 된다. 그러면 루터는 섬김을 어떻게 이해했던가? 선한행위와 관련하여 섬김의 근본정신과 동기는 오직 하나님의 은혜에 근거한 일이어야 함을 강조한다. 그리고 그는 만인제사장의 관점에 근거하여 섬김이 특별한 사람만이 행하는 일이 아니라, 모든 그리스도인 각자에게 주어진 하나님의 일이며, 그러한 섬김은 종교적인 강요가 아니라, 믿음을 통한 복음 안에서 얻는 자유로 실천해야 하는 일임을 밝힌다.[71] 이러한 루터의 신학적 관점은 칭의론에 근거한 것이다.

역시 루터는 교회의 직분에 있어서 사도행전 6장에서 보여주는 원리에 따라 복음의 증거인 '설교'와 이웃사랑인 '섬김'(디아코니아)을 생각하였다.[72] 믿음과 사랑이 함께 있는 것처럼, 설교의 직분과 섬김의 직분은 함께 속한 일이라고 하였다. 이 양자는 역시 '말씀의 직무'에 속한 것이며, 이 양자는 각각의 방식에 따른 '복음의 전파'로 이해하였다.[73] 그리고 루터는 역시 만인제사장적인 이해 가운데서 모든 그리스도인들은 성도 각각에 대한 영혼의 돌봄(Seelsorge)과 사랑의 봉사(Diakonia)가 책임적인 것으로 이해하였다. 또한 설교의 직분도 동일하게 영혼 돌봄의 책임이 주어져있음을 생각하였다.

루터는 한편 사회적 책임을 정부당국이 짊어져야 할 것을 강조하였으며, 다른 한편 신학적으로 교회는 그들의 봉사적 차원을 다시 밝혀야 할 것임을 강조하였다. 그는 역시 구걸하는 일을 금지하도록 요구하였으며, 시정부가 질서에 따라 가난한 자를 돌보는 의무를 인지하고 수행할 것을 촉구하였다. 루터는 가난의 본질에 대한 중세후기의 비판, 즉 '구걸은 하

---

71) WA 7,35f.
72) WA 6,556.26-567.1.
73) 참고, WA 7,69.1-9;38,6-10.

나님의 뜻에 반하는 일이다'라는 내용을 수용하였다. 사람들이 고난에서 구걸해야 한다는 것은 기독교의 수치로 여겨야 한다고 했다. 이러한 구걸의 거절 배후에 루터는 직업과 관련하여 노동에 가치를 부여하게 된다. 노동은 루터에게서 자극이요, 자기훈련이며, 질서요, 죄의 혼동능력의 저주로 표현된다. 노동은 그에게 또 다른 이웃사랑의 행위로 이해되었다. 그것에 비하여 구걸은 무질서요, 이웃사랑의 거절로 이해된다.[74)]

루터가 시당국에다 사회적 책임의 짐을 지우게 된 목적은 15세기 도시의 발전과 관계되어 있으며, 종교개혁은 이러한 발전을 가속화시킨 것으로 판단한다. 그 때문에 시 당국은 사회적인 행정부서를 만들도록 요구하였고, 시의회가 이 일을 담당하게 했다.[75)] 그리고 루터는 결론적으로 섬김의 사역에 대한 이해를 기독교 내에서의 이중적인 전략으로 그 책임적인 구조를 제시하게 되었다. 첫째는 세상의 정부가 가난한 자들의 돌봄을 책임지게 한 것이다. 믿음과 이웃사랑의 책임을 일깨우는 과제는 설교자들에게 부여했다고 할 수 있다.

(2) 쯔빙글리(H. Zwinglii)의 섬김 사역의 이해

쯔빙글리(1484-1531)는 지도적인 종교개혁자들 가운데서 사회적 과제에 대한 인지와 관련하여 독자적인 입장을 취한다. 그리고 쯔빙글리는 섬김을 인간의 가난과 연결시켜 성경적인 의미로 밝혀내고 있다. 그에 의하면, 가난은 기독교적인 섬김 사역의 신학적인 토대가 된다. 사람들은 다만 가난한 자로서 그리스도인일 수 있는 것이다. 왜냐하면 그는 그리스도와 마리아에게서 교훈을 받게 되며, 또한 기독교적인 삶은 정신적이며 물질적인 가난에서만 성립될 수 있기 때문이다.[76)]

---

74) 참고, G. Ruddat u.a., 전게서, 48.
75) 참고, 전게서, 49.
76) 참고, G. Herrmann, 전게서, 216.

쯔빙글리의 사고에서 나타나는 섬김과 마리아 사이의 직접적인 관계는 주목할 만한 특이점을 가진다. 이것은 중세기 전통에서 온 유산으로 이해되는 것인데, 가난을 마리아의 섬기는 자로서, 그리고 증거자로서 인격과 결부시켰던 것이다.[77] 쯔빙글리는 마리아를 항상 그리스도를 가리키는 모습으로 가난의 탁월한 상징으로 인식하였다.[78] 더욱이 그는 예수의 성육신의 사건이 자신에게서 이루어지도록 겸손하게 순종하며, 섬긴 마리아의 자기를 비운 가난의 모습이야 말로 영원한 섬김 사역의 본보기로 이해하고 있는 것이다.[79]

쯔빙글리는 역시 섬김의 사역을 사회전체에 펼쳐져야 할 의무적인 일로 이해하였다. 그는 전 국민의 교회를 생각하는 사고의 지평에서, 즉 기독교 사회를 전망하면서 총체적인 사회의 사회적 돌봄을 세상정부에다 맡기는 입장을 가진다. 그 정부는 하나님 앞에서 사회적 책임을 수행해야 하는 것으로 이해하였다. 그는 그러한 생각에 상응하게 스위스 취리히 지역에서 종교개혁의 지도자로 활동하면서 시행정부의 권위를 통하여 도시의 사회개혁의 과제를 수행하였던 것이다. 그리고 취리히의 시정부는 쯔빙글리의 계획을 큰 부분에서 실현하고, 인간의 돌봄이 전 영역에 확대되고 그러한 변화가 보증되도록 하는 것이 성공적이었던 것으로 전해진다.

(3) 부처(M. Bucer)의 섬김 사역의 이해

부처(1491-1551)는 스트라스부르그의 종교개혁자로 활동하였다. 그는 쯔빙글리에 비하여 하나님의 본체 가운데 기초된 디아코니아는 두 단계적인 교회이해의 범주에서 유효한 것들을 찾았다. 부처에 따르면 교회

---

77) E. CAMPI, Zwinglii und Maria, 1997, 96-97.
78) 참고, G. Hammann, 전게서, 217.
79) 전게서, 218.

는 하나님의 백성인 교회공동체가 존재하는 것이며, 그것은 기독공동체로서, 동시에 하나님의 나라에 참여된 고백공동체인 것이다. 그리고 섬김은 근본적으로 이웃사랑의 요구를 통하여 결정되어야 하며, 이웃사랑은 믿음의 결과일 뿐 아니라, 하나님과 그리스도의 본질을 특징 지워주는 일로 보았다. 또한 그리스도의 교회는 이웃사랑의 교회를 뜻하는 것으로 이해하였다.[80] 특히 섬김 사역을 그리스도의 나라와 연관을 지어 해석하였다. 그리스도의 나라는 섬김을 통하여 실현되는 것으로 인식하였다. 그래서 교회는 국민 전체를 생각한 교회공동체와 섬김과 고백하는 교회를 동시적인 것으로 이해하고, 그 교회는 이제 섬김의 실현을 통하여 그리스도의 통치가 실현토록 하는 것으로 보았다.

부처는 먼저 교회에 필요한 직분으로 네 가지를 제시한다. 그것들은 교(박)사와 목사와 장로와 집사의 직분들이다. 1538년 이래로 그는 두 개의 직분에 깊은 관심을 가지게 되는데, 그것은 영혼을 돌보는 직분과 육체적인 일에 도움을 제공하는 직분이다. 그것은 고대 교회의 모범에 따라 구상된 것이며, 나눔의 원천적인 장인 성찬과 관련된 것으로 이해된다. 부처는 시정부의 섬김과 국민교회의 섬김에 머물러 있으면서 교회의 봉헌과 성찬에 참여를 통하여 봉사자들(사회적인 봉사의 직분)에게 섬김의 교회적인 의미를 다시 되돌리도록 주장했다. 물론 그의 이러한 계획은 성공적으로 성취되지는 못했다.[81]

부처는 디아코니아를 예전적인 과제와 관련하여 생각하였다. 그리스도를 주님으로 고백하는 교회는 스트라스부르그 시정부의 책임 하에서 수행된 돌봄의 본질에서 디아코니아 실현의 한 가능성을 인식하였다. 그는 역시 예배가 진행되는 동안에 디아코니아의 표현으로서 헌금을 생각하였다. 예배가운데서의 이러한 헌금은 부처에게 일반적인 교회와 고백

---

80) 전게서, 244.
81) 참고, 전게서, 244.

하는 교회의 디아코니아에 대한 밀접한 교회적인 성격을 인식하였다.

(4) 칼빈(J.Calvin)의 섬김 사역의 이해

칼빈(1509-1564)은 제네바에서 종교개혁자로 활동한 인물이다. 그의 디아코니아의 섬김 사역에 대한 이해는 부처의 입장에 의존하였고, 부처가 제시한 4가지 교회의 직분을 중요하게 수용한다(목사, 교사, 장로, 집사). 그리고 칼빈은 교회의 집사직분 이해에 있어서 3가지 특징을 보여주고 있는데, 첫째 사랑의 실천으로서의 섬김에 대한 것이며, 둘째, 예배가운데서의 섬김의 연결이며, 셋째, 교회적인 봉헌의 관계에서이다.[82]

그리고 칼빈은 성경적인 교회직분 섬김의 근거로서 로마서12:6-8, 고전12:28, 그리고 엡4:11의 본문을 사용한다. 또한 그의 이러한 네 가지 직분들은 본질에 있어서는 두 가지로 이해된다. 즉 장로와 목사의 직분은 말씀선포와 영혼 돌봄의 기능을 책임지는 직분으로 이해되었고, 역시 사랑의 봉사의 직분으로 집사의 직인 섬김의 직분이 있게 된다. 특히 집사직의 중요성은 딤전3:8-13절의 본문이 근거로 사용된다.[83]

칼빈은 역시 직분으로서 집사직의 내면에서 두 가지 과제 영역과 단계를 구분한다. 거기서 그는 제네바에 기존하는 실천의 요소들과 그 시대의 세대적인 특수한 직관적인 요소들로 신약성경적인 진술들을 입증한다(롬12:8;행6;롬16:1). 그는 예전(禮典)과 교회의 다스림(治理)의 과제와 가난한자와 병자들을 위한 돌봄의 책임을 부여한 안수의 직분과 그렇지 않은 직분 사이를 구별하였다. 그리고 이러한 가난한 자와 병자를 돌보는 디아코니아의 사역에 여성을 참여시켰다. 또한 시당국으로부터 임명된 사회봉사자들은 교회 내의 집사의 직분과는 다른 것으로 이해하였다.

---

82) 참고, 전게서, 264.
83) 참고, 전게서, 264-265.

그 직은 안수가 주어지지도 않았고, 예전적인 사건과도 관계되어 있지 않았다. 역시 집사직은 교회 내적인 일들에 관련된 봉사의 직으로 한정되어 있는 모습이며, 교회 외적인 국가 사회적인 일들과의 관계에서 집사직은 교회가 공적으로 감당해야 할 사역으로 충분히 인식하지는 않았던 것으로 이해된다.[84]

그럼에도 불구하고 칼빈은 역시 이웃사랑의 디아코니아의 의미를 성찬의 예전과 연결시키고 있는 것을 볼 수 있다. 성찬은 그리스도가 자기의 희생을 통하여 우리 각자를 사랑해 주신 섬김을 인지하고 경험하는 시간이며, 그러한 하나님 사랑의 섬김(희생)을 확인하는 시간인 것이다. 그리고 이러한 사랑과 평화를 경험하지 못한 자들에게 말씀선포와 사랑의 섬김이 실천되게 해야 한다는 것이다. 그것은 초대교회와 고대 교회의 모습에 근거한 것으로 여겨지며, 역시 부처에게서도 확인되는 일이었다.[85]

결과적으로 종교개혁은 교회와 모든 기독인 각자가 짊어져야 할 기독교 복음선교의 과제로서 '말씀선포'와 '이웃사랑'의 섬김사역을 구분하였고, 그것도 세상을 향하여 실천되어야 하는 사회적 섬김은 세상의 통치기구인 정부(시당국)의 책임으로 넘겨주는 결과를 초래하게 되었다(루터, 칼빈). 특히 루터의 두 왕국론의 시각은 교회와 사회를 분리하는 일에 크게 작용된 것으로 판단된다. 물론 쯔빙글리와 칼빈에게서 하나님통치의 개념 하에서 신학적으로 교회와 세상은 하나님의 주권영역으로 연결시키려고 노력했지만, 실제로 섬김 사역의 직분은 교회내적인 일에 한정되고 세상을 섬겨야 하는 사회봉사의 과제와는 깊이 연관을 짓게 하지 못한 아쉬움을 보여주고 있다.

아마도 종교개혁 이후부터 구라파에서는 교회재정과 수도원의 재정을

---

[84] 참고, 전게서, 52.
[85] 참고, 전게서, 274.

세상정부인 시의회가 넘겨받았고, 교회에서 파송한 위원들에 의하여 얼마간 공동으로 운영되다가, 그것도 30년 종교전쟁(1618-1648)으로 말미암아 모든 교회의 섬김 사역과 사회봉사의 사역을 대처하는 일까지도 사라지게 되었으며, 여전히 섬김의 사역은 조직된 교회의 봉사를 위한 직분으로 남게 된 것으로 판단된다.[86]

5) 경건주의와 계몽주의 시대의 섬김 사역

구라파의 30년 종교전쟁은 정부당국이 가난한 자들을 돌보는 사역을 완전히 불능상태로 만들어 놓게 되었다. 평화조약이 체결된 이후, 설립된 가난한 자들을 돕기 위한 국가법이 16세기의 가난한 자들의 돌봄의 원리들을 끌어와서 새롭게 반영시키려고 노력하였다. 그 결과 도시와 교회는 가난한 자들을 스스로 돌보아 주어야 했거나, 가난한 자들을 돕는 일이 국가행정기관에 부분적으로 의존하거나, 지역 성주의 직접적인 개입에 의존할 수밖에 없는 상태에 처하게 되었다. 한편으로 경건주의운동에, 다른 한편 계몽주의운동에 영향을 받은 새로운 사적복지기관과 봉사활동의 사회적 주도권을 가진 새로운 기구들이 생겨나게 되는 과정을 거치게 되었다.[87]

이 기간에 일어난 경건주의운동은 종교개혁의 근본관심들을 새로이 시도하려는 하나의 교회개혁운동이었다. 필립 스페너(Philipp J.Spener: 1635-1705)는 이 운동의 주도적인 범주를 발전시키게 되는데, 신학적으로 중생과 성화의 주제를 마음의 경건의 근본요소로 제기하였으며, 교회생활의 낡은 모습을 극복하고, 이성사용의 강조와 함께 새로운 세계의 설계안을 하나의 택일로 제시하게 된다. 경건주의는 개인화와 더 나은

---

86) 참고, Hausschild,u.a.(Hrg.) 전게서, 280.
87) 참고, G.Ruddat u. G.K.Schaefer(Hrg.), 전게서, 52.

시대의 미래에 대한 희망의 주도적인 사상들을 통하여 계몽주의와 현대화의 기획에 결합되어 있었다. 모든 믿는 자들의 섬김의 직분의 의미에서 만인제사장의 재설정과 함께 살아 있는 공동체의 재발견은 평신도 활동의 강화를 목표하였고, 특이하게 신앙의 행동의 역동성을 자유롭게 하는 일에 영향을 미치게 되었다.[88]

경건주의 운동은 30년 종교전쟁의 결과로 인하여 생겨난 사회적 차별을 들어내는 그 당시 신분사회의 질서들을 흔들어 놓게 되었다. 그리고 계몽주의 운동가들은 인간성에 문제를 제기하고 기독교복음의 책임에서 인간성이 기초되고, 교육되도록 새로운 계몽운동을 전개하게 되었다.[89] 또한 경건주의 운동의 제 2의 지도자는 역시 헤르만 프랑케(1663-1727)였다. 그에 의하여 섬김의 사역(디아코니아)은 중요한 의미를 가지고 새롭게 활성화되는 시기를 맞이하게 된다. 그는 수천의 아이들에게 기독교 교양과 사회적인 봉사를 가르치는 가난한자들을 위한 학교를 할레(Halle)에 설립하여 운영하였고, 또한 고아들을 돌보는 시설을 곳곳에 설립하여 섬김 사역의 실천에 모범을 보여주기도 하였다.[90]

프랑케의 섬김의 사역(디아코니아)은 다음과 같이 소개되었다. 1695년 무명의 초보자로부터 프랑케의 섬김 사역의 계획은 발전되었다. 주간에 한번 가난한 자들은 기부하는 물건이나 금품을 가져가기 위하여 목사관으로 왔었다. 프랑케는 거기서 아이들의 완전한 무지를 알게 되었고, 그는 먼저 가난한 가족의 아이들에게 학교 수업료를 지불해 주었으며, 가난한자들이 공부할 수 있는 학교를 설립·운영하였다. 이러한 조치들은 결국 큰 성과 없이 머물고 말았다고 전해진다. 그러나 계속적인 학교설

---

88) 참고, 전게서, 53.
89) 참고, 전게서, 53.
90) 비교, Hrg.v.M.Kiessig, u.a., Evangelischer Erwachsenen Katechismus, Guetersloh, 2000, 722.

립과 운영을 발전시켰는데, 그것은 고아들과 나태한 아이들의 배움을 위한 기숙사운영이 크게 호응을 얻게 되었고, 여기서 독립된 학교의 도시로서 교육시설을 확충하는 조직체가 생겨나기도 하였다. 프랑케가 죽던 해 1727년에는 독일학교에서 98명의 교사들에 의하여 1,725명의 아이들이 공부하게 되었던 것이다. 라틴학교에서는 약 38명의 교사와 3명의 감독관과 400여명의 학생들을 가르치는 역사가 있었던 것이다. 프랑케는 교사양성소를 설립하여 교사를 또한 육성시켰다. 특히 고아원의 구상은 17세기 후반에 이르러 독일 전역에 확대되었는데, 이것은 노동과 양육의 집을 배경으로 운영되었다.[91]

고아원의 특수성은 고아들과 멋대로 자란 문제 아이들이 삶의 도움을 찾는 장소가 되게 했던것에 있었다. 프랑케의 교육학은 이중적인 목표를 설정하게 되었는데, 그들이 참된 하나님의 구원으로 인도되는 것이었으며, 하나님의 뜻 가운데서 밀착시키는 것이었다. 또한 기독교적인 명철에로 인도하는 일이었다. 그것은 하나님에게서 선물된 개인의 은사를 발전시키는 것을 뜻하였다. 그리고 프랑케의 고아원은 모든 신분에서의 보편적인 개선에 하나의 총체적인 계획으로 분류되었는데, 다만 독일과 유럽세계에서뿐 아니라, 역시 나머지 유럽세계의 전 영역에서 이루어졌다.[92]

할레(Halle)의 고아원은 그 시대를 만들면서 작용했던 시설의 모델을 대표하는 것이다. 그러한 모델에 따라 '헤른후터'(Herrnhuter)라는 공동체는 독일 개신교 경건주의 역사에서 아주 특징적인 섬김 사역의 모습을 보이는 교회공동체의 기획이 생겨났다. 그것은 세 번째 경건주의 운동의 지도인 친젠도르프 백작(Nikolaus Ludwig Graf von Zinzendorf:1700-1760)의 지도아래에서 자발적인 공동체의 의미를 가지고 헤른후터

---

91) 참고. G.Ruddat u.G.K.Schaefer, 전게서, 53.
92) 참고, G.K. Schaefer, Gottes Bund entsprechen. Studien zur diakonischen Dimension christliche Gemeindepraxis, VDWI 5, Heidelberg 1994,51.

(Herrnhuter)라는 이름의 새로운 공동체가 발전하게 되었다. 그리고 사도적인 공동체의 모범에 따라 섬김 사역에 근본적인 의미를 토대로 삼고, 하나의 새로운 신앙공동체를 형성하게 되었던 것이다. 이 공동체는 영혼의 돌봄의 관점 하에서 함께 고난 받는 인간관계가 형성되도록 작은 그룹들을 만들었고, 거기서 세상을 섬기는 새로운 섬김의 직분들을 만들게 되었다. 가난한자와 병자를 돌보며 지키는 자, 섬기는 자 등이었다.[93]

우리는 17-18세기의 기간에 기독교 책임으로부터의 인간성에 대한 섬김 사역과 교육의 새로운 관점들이 많이 생겨나게 된 것을 인식한다. 특히 그것은 계몽주의자들에게서라고 할 수 있다. 이성과 기독교경건과 사회적인 감수성을 결합한 계몽주의 다양성은 그리스도의 종교가 믿을 만한 표현을 발견하려는 인문주의를 기초하고 있다고 본다. 마25:31절 이하의 말씀에 근거하여 헤르더(J.G.Herder:1744-1803)는 그리스도에 대하여 신앙을 고백할 수 있었다.[94] 역시 페스타로찌(J.H. Pesta- lozzi: 1746-1827)도 같은 맥락에서 가장 낮은 신분의 가난한 자들의 자녀들의 구원을 목표한 실험적인 주도권과 궤도를 깨뜨린 교육적인 아이디어들을 발전시켰다. 그는 인간의 고난을 감소시킬 수 있는 공공의 기관들을 설립할 것을 강조하였다.[95]

경건주의와 계몽주의는 인간의 죄성과 구원의 필요성에 대한 질문에서 깊은 차이를 보였다. 그러나 실제로 그것들에 대한 이해는 서로 얽혀질 수 있었다는 것을 오버린(J.Friedrich Oberlin:1740-1826)과 페스타로

---

93) 참고, G.Ruddat u.G.K.Schaefer, 전게서, 54.
94) 참고, 헤르더는 이 본문에서 예수가 인간을 가르치는 인간성과 온유함과 자비와 종교에 대한 부드러움에 사로잡혔던 것이다. 참고, J.G.Herder, 124.Brief zur Befoerderung der Humanitaet, in: Herder Werke, Bd.7,Frankfurt a.M. 1991,752f.753.
95) 참고, J.H.Pestalozzi, Eine Bitte an Menschenfreunde und Goenner, zur guettige Unterstuezung einer Anstalt, armen Kindern auf einem Landhause Auferziehung und Arbeit zu geben(1777), in: Ders.: Werke, Bd.2: Schriften zur Menschenbildung und Gesellschaftentwicklung, Muenchen 1977,19-23:20.

찌에 의해서도 확인할 수 있다. 페스타로찌의 생각에서 계몽주의적인 인간의 사랑과 개혁주의적이며, 경건주의적인 영향들의 유효한 것들이 나타나고 있다. 특히 섬김 사역의 이해에 있어서는 같은 관점들이 대두되었던 것으로 이해된다. 그리고 이 시기에는 국가와 사회가 정치적인 영역과 사회적인 공간으로 발전하는 계기를 마련하게 되었으며, 법제화된 기독교와 공적이며 사적인 기독교가 점차적으로 구별되었다.[96]

6) 19세기의 섬김 사역

19세기는 포괄적인 사회적 변화들을 통하여 영향을 받았던 시기라고 볼 수 있다. 전체를 포괄적으로 다루는 국가적이거나, 사회적인 구조들이 아직 형성되어 있지 않았기 때문에, 그리고 새로이 생겨나는 인간적인 고난의 문제들에 대하여 대응하는 노력들이 매우 조건적이며, 제한적이었기 때문에, 작은 사회적인 단체들이 새로운 사회적인 과제의 책임을 감당할 수 없었으며, 그 모든 일들을 강력하게 이끄는 공동체가 필요하게 되었다. 그리고 여러 도시들은 19세기의 전환기에 새로이 가난한자들을 돌보기 위한 법을 제정하게 된다. 같은 시기에 헤른후터의 형제공동체와 바젤의 기독교사회운동의 추종 하에서 독일 지역의 나라들이 기독교부흥운동의 범주와 관련하여 전체를 연결하는 기독교적 조직망을 형성하는 단계에 이르게 되었다. 그리고 거리에서 배회하는 아이들이 이 기간에 증대되었고, 그들에게 더 나은 미래를 가능케 할 수 있는 사회적 책임을 넘겨받는 기독교적인 단체들이 생겨나게 되었다.[97]

이러한 독일 사회의 정황에서 1833년 뷔케른(J.Heinrich Wichern: 1808-1881)이란 인물이 시도한 '구원의 집'(Retungshaeuser)이 생겨나

---

96) 참고, G.Ruddat u.a., 전게서, 55-56.
97) 참고, 전게서, 56.

게 된다. 그는 그 당시 함부르크에서 '라우에 하우스'(Raue haus)를 개설하고 길거리에 버려진 청소년들을 불러다가 그들이 마음껏 자유로이 공부하고 지내는 장소인 '복음선교의 집', 즉 '구원의 집'을 운영하였던 것이다. 그리고 "이 집을 찾아 온 아이들에게는 모든 것이 허락되었고, 벽도, 구덩이도, 빗장도 없었다. 다만 우리는 사슬로 너희를 묶어 놓게 될 것인데, 그것은 사랑의 사슬이며, 많은 것을 우리는 오직 인내로 대처할 것이다. 우리가 간청하며 요구하는 것은 너희를 도우려는 것뿐이다. 말하자면 너희는 생각을 바꾸고, 하나님과 사람에게 감사하는 사랑을 배우도록 하는 일이다."[98]

아이들은 11-12세 정도에서 받아들였고, 16세에는 그 집을 떠나게 하였다. 가정의 원리에 근거하여 기독교적인 교육을 받게 했던 것이다. 역시 아이들은 공동생활을 통하여 사회적인 삶의 태도를 배웠다. 교육의 목표는 아이의 개인적인 자질과 책임성과 공동체형성의 자질을 돕는 것이었다. 1870년대 초에는 약 1,000명의 아이들이 수용되었고, 사회적으로 큰 호응을 얻게 되었다고 전해진다.[99]

1830년대 이래로 이러한 섬김 사역의 활동들이 증대되었으며, 행동실천분야로 항상 확대되어 갔다. 그리고 기독교적인 생활설계와 직업교사들의 새로운 모델들이 뒤따라 생겨나게 되었다. 이러한 사역에 역시 플리더너(Th. Fliedner: 1800-1864)목사의 역할이 드러나게 된다. 그는 1836년에 뒤셀도르프의 근교 카이져스베르트(Kaiserswerth)에 '디아코니아의 어머니 집'을 설립하였고, 그 일은 역시 독일에서 섬김 사역의 발전에 크

---
98) 참고, J.H.Wichern, Die oeffentliche Begruendung des Rauhen Hauses(1833), in: Saemtliche Werke (SW) IV/1,Berlin 1958,96-114:108.
99) G.Ruddat u.a.,전게서, 57.

게 기여하게 된다. 그는 또한 감옥에서 출소한 여성들을 위하여 재활원을 설립하였고, 그곳에서 새로운 삶을 살도록 도왔던 것이다. 그리고 미혼의 간호사들을 양성하여 그들의 직업생활을 보증하였고, 퇴직 후의 생활을 책임지게 하는 새로운 섬김 사역의 모델을 만들었던 것이다.

여성들을 배려한 플리드너의 모델은 역시 뷔케른에게서 남성들의 섬김 사역의 모델로 발전하게 된다. 뷔케른은 그가 설립한 '구원의 집'에서 봉사직의 남성일꾼들을 양성하는 교육을 시도하였으며, 그가 1848년 9월 뷔텐베르그에서 개최된 교회의 날(Kirchentag)행사에서 행한 연설은 많은 사람들에게 감동을 주었고, 독일교회는 그의 제안을 받아들여 독일 개신교회의 '사회선교'(Innere Mission)를 위한 중앙위원회가 만들어지게 되었다.[100] 그리고 그 시대의 기독교 사랑의 행위는 '사회선교'(Innere Mission)란 이름으로 확산되었다. 이러한 선교활동은 전 국민과 책임적인 조직체(가족, 국가, 교회)들의 재기독화를 목표하였으며, 궁극적으로 하나님나라의 건설을 지향하는 운동을 일으키게 되었던 것이다. 즉 디아코니아의 사역을 중심에 둔 복음전도와 이웃을 섬기는 사랑의 실천운동을 전개하게 되었던 것이다. 그리고 만인제사장으로서 복음의 사랑을 실천하는 운동은 사회선교와 사회개혁을 위한 새로운 토대 위에서 발전하였다.[101] 그는 역시 그 시대에 탁월한 프로테스탄트교회의 사회 전문가중의 한사람으로 평가되며, 섬김 사역을 통하여 그리스도의 복음을 사회에 전파하는 새로운 복음전도 역할의 선구자가 되었다.[102]

뷔케른은 후에 실제로 가난한 자를 돌보는 기독교적인 섬김 사역과 '사

---

100) 참고, Wicherns Rede vom Freitag, den 22.Sep.1848, in: Wichern: SW I, Berlin/Hamburg 1962, 155-165. 여기 뷔케른이 시도한 'Innere Mission'은 우리말로 번역할 때, 내지선교, 또는 핵심선교로 번역할 수 있다. 그러나 학자들에 따라 '사회선교'로 번역된다. 역시 필자는 한국교회가 개인에게 복음을 전하는 개인전도, 또는 개인선교에 비하여 뷔케른의 사역을 '사회선교'란 말로 이해하고 제시해 본다.
101) J.H.Wichern, Notstaende der protestantischen Kirche und die innere Mission. in: Ders.:SWIV/1,Berlin 1958,229-295:235f.

회선교'(Innere Mission)의 사역을 구별하였다. 그는 기존 섬김 사역의 새로운 모습의 신학적인 계획을 제시하게 된다. 그것은 자유로운 섬김 사역으로서 가족과 자유연대 안에서 이루어지는 사회적 행위로 특징 지어진 섬김 사역의 운동이었다고 볼 수 있다. 그리고 교회의 섬김 사역의 중심에는 가난한 자들과 가난한 집의 돌봄에 대한 설교가 먼저 있어야 하며, 또한 가난하고 병든 자들을 돌보는 간호의 봉사사역(Diakonat)을 더 많이 생각한 새로운 섬김 사역의 기획이었던 것이다.[103] 뷔케른의 이러한 사역은 후에 독일교회 전역에 확대되어 실제로 독일교회를 재건하는 일에도 크게 기여하게 된다.

이 시기에 섬김 사역에 주도적 역할을 한 인물로는 역시 아말리에 지베킹(Amalie Sieveking:1784-1859)을 들 수 있다. 그녀는 함부르크의 한 재판원의 딸로서 1813년부터 '기독간호원'(Christliche Schwester)이란 기관을 만들어 가난한 자와 병자를 돌보아 주었다. 그리고 노인들을 돌보는 사역도 병행하였다. 뢰헤(Wilhelm Loehe:1808-1872)목사도 1854년부터 노이엔데텔스아우(Neuendetells-au)에서 루터의 토대위에서 '여성봉사자들의 어머니 집'(Diakonissen Mutterhaus)을 만들어 봉사하였다. 그리고 다시 25년 후에 이 직에 종사하는 사람들이 3,600명으로 늘어났고, 1926년에는 28,900명으로 확대되어 적은 보수를 받고도 재소자들의 재활훈련과 노인들을 돌보는 여성들의 평생 직업이 되었던 것으로 알려져 있다. 여성들은 '어머니집의 봉사'(Muetterhausdiakonie)란 사회복지관에서 노년의 생을 보내는 국가적인 도움의 사회보장을 받게 하는 제도의 조직과 활성화로 큰 도움을 입게 된 것이다.[104] 또한 베르너(Gustav Werner:1809-1887)도 산업화가 이루어지고 있는 지역에서 하

---

102) 참고, 전게서, 58.
103) 참고, G.Ruddat u.a., 전게서, 59.
104) 참고, 하우스실트,이영미, 슈뢰터, 창조적인 목회를 위한 실천신학, 힌들출판사,. 2000, 283.

나님나라의 실현과 기독교 공장을 설립하여 발전시키는 역할을 하였다.[105] 그리고 이 기간에 여러 사람들에 의하여 봉사적인 사회사역의 전문화작업이 시도되었는데, 특히 아이들과 청소년, 병자와 장애인들, 죄수들을 돌보는 사역들이 국가나 사회가 강한 책임을 가지고 이러한 일들을 넘겨받기 전에 여러 지역에서 시도되었다.[106]

19세기 후반에 이르러 독일사회는 산업사회로의 발전과 황제통치의 국가로의 발전과 변화를 경험하게 된다. 역시 기독교적인 사랑의 행위인 디아코니아는 국가적인 입장과의 공동관계에서 변화를 겪게 된다. 그리고 '사회선교'(Innere Mission)내면의 신학적인 이해도 변화를 겪게 되는데, 하나님나라에 목표를 둔 신학적인 이해는 후퇴되고, 부분적으로 영적인 은사에 근거를 둔 인물들에 의한 섬김 사역이 주도되었다. 여기에 보델슈빙(Friedrlch Wilhem von Bodelschwingh:1831-1910)은 큰 역할을 하게 되었다. 그는 1872년 독일 빌레펠드지역인 베델(Bethel)에서 간질병환자를 위한 집을 설립하여 그들을 도왔으며, 이 집이 후에 독일에서 거대한 섬김 사역의 시설로 발전하게 된다. 처음에는 150명 정도의 병자를 계획했으나, 1910년에는 2,000명에 이르는 환자들이 이곳에 모여왔고, 베델은 자비의 도시가 되었으며, 이곳은 '사회선교'의 범주에서도 현대산업화로 인한 도시화에 대항하는 기독교적인 중심지가 되게 하였다.[107]

로흐만(Theodor Lohmann:1831-1905)은 비스마르크가 독일 국민을 위한 사회복지법을 만들 때 함께 역할을 했던 인물인데, 그는 1884년에 쓴 그의 글에서 교회의 과제와 교회의 사회선교(Innere Mission)는 경제적이며, 사회적인 삶을 위한 국민의 양심이 되어야 할 것을 역설하였으

---

105) 참고, 전게서, 59.
106) 참고, 전게서, 59.
107) 참고, 전게서, 60.

며, 그것이 '사회선교' 최고의 목표라고 강조하였다.[108] 그의 생각은 기본적으로 각 사람은 그의 품위에 있어서 하나님의 형상으로 인정되어야 하며, 이러한 인정은 모든 인간관계들을 통하여 특히 노사관계에서 관철되어야 한다는 요구에서 출발한 것이었다.[109]

섬김 사역의 목사로 불린 나우만(Friedrich Naumann:1860-1919)은 4년 후에 '사회선교의 미래'라는 글에서 새로운 제안을 발전시켰다. 그리고 이 기간에 독일사회는 여성들의 신분과 모습에 대한 사회적인 질문들이 두드러지게 대두되었다. 1899년 교회에 관련된 복음적인 여성협력기구(Evangelische Frauenhilfe)가 생겨나게 되었으며, 마찬가지로 사회와 관련된 '독일개신교의 여성동맹체'(Deutsch Evan-gelische Frauenbund)가 생겨나게 되었다. 또한 여성의 섬김 사역은 1894년에 개신교 섬김 사역단체를 통하여 여성을 돕는 과제에 대한 새로운 도전을 경험하게 되었다.[110] 물론 가톨릭교회의 편에서도 1897년 '독일개신교의 사회선교를 위한 중앙위원회'(CA)의 모델에 따라 '독일 가톨릭의 사랑의 동맹체'(Caritas-Verband fuer das katholische Deutschland)가 생겨나게 되었다. 그리고 19세기에 개별적으로, 교회적으로 시도된 섬김 사역은 그리스도가 행하신 사랑에 보답하는 믿음으로 그리스도의 사랑을 이웃에게 실천한 일이었다고 할 수 있다.

7) 20세기의 섬김 사역

20세기로 넘어오면서 독일을 비롯한 유럽의 여러나라들은 사회주의 형태를 띤 복지국가로서의 모습을 견지해 갔다. 그리고 20세기 초엽에서

---

108) 참고, 전게서, 61.
109) 참고, 전게서, 61
110) 참고, 전게서, 61.

부터 섬김 사역의 관점에서 여러 복지를 실현하기 위한 섬김 사역의 단체들이 생겨나게 된다. 벌써 1917년에 '유대인의 중앙복지재단'이 생겨나게 되었으며, 1919년에는 노동자복지회(Arbeiterwohlfahrt)가, 그리고 1921년에 독일 적십자회(Das Deutsche Rote Kreuz)가 탄생하였고, 1924년에는 '독일평등복지단체'(Deutsche Paritaetische Wohl fahrtverband)가 탄생되었다. 역시 이 기간에 독일교회의 '사회선교'도 사회적인 봉사활동을 적극적으로 전개하였다.[111]

국가사회주의(Nationalsozialismus)가 통치하던 시기와 제2차 세계대전 동안(1933-1945)에 독일교회의 섬김의 사역은 깊이 흔들리고 해체되며, 국가의 통치하에서 별다른 영향을 끼치지 못하는 상황에 처하게 되었다. 그리고 디아코니아의 시설들은 나치의 대량학살로 인하여 장애인들과 병자들을 보호하는 일을 감당할 수 없었던 것으로 알려져 있다.

2차 세계대전이 끝난 후, 전쟁의 상처를 치유하고, 소외된 자들을 돌보는 사역은 다시금 교회의 과제로 부각되었고, 1945년에 '개신교봉사사역'(Evangelische Hilfs-werk)이란 기구가 설립되면서 독일교회의 섬김 사역은 적극적인 활동으로 발전되었다. 1957년에는 이미 뷔케른에 의하여 설립된 '사회선교'(Innere Mission)단체와 '개신교협력사역'(Evangelische Hilfswerk)이란 단체가 서로 연대하여 '독일개신교섬김사역'(Evangelisch-Diakonisches Werk)이란 디아코니아 단체로 새롭게 탄생하였으며, 이러한 독일교회(EKD)의 섬김 사역은 사회봉사활동을 전개하는 단체로 발전하여 현대에 이르기까지 큰 역할을 감당하고 있는 것으로 이해한다. 이 '개신교의 섬김사역' 단체는 특별히 1990년 동서독 통일이 이루어지기까지 서독 내에서 뿐만 아니라, 동독사회에 기여한 성과는 이미 잘 알려진 사실이다.

---

111) 참고, 전게서, 62.

우리는 이러한 유럽교회의 역사가 보여주는 섬김 사역의 실천은 개인적 차원과 조직적이며, 제도적 차원에서 진행, 발전되어 왔었던 일임을 확인하였다. 중요한 것은 현대사회에 이르러 기독교 복음의 섬김 사역은 기독인 개인의 차원에서 실천되어야 할 일이면서도, 조직적이며, 체계화된 연대방식으로 서로 힘을 합쳐 대응하고 실현하도록 단체 활동이 절대적으로 요구되고 있는 일임을 확인하게 된다. 그리고 복음전파(Kerygma)와 섬김 사역(Diakonia)은 기독교 복음선교의 가장 큰 두 과제의 사역으로서 언제나 함께 병행되어야 하는 일이었으며, 때때로 복음전파가 이루어진 상황에서는 그리스도의 복음에 근거하여 섬김 사역을 대대적으로 전개했던 것임을 알 수 있었다. 더욱이 복음전파의 새로운 길은 오히려 섬김사역을 활성화하는 전제에서 이루어졌으며, 말씀으로 나태한 신앙을 새롭게 할 때는 언제나 섬김사역의 실천으로 극복해 갔음을 확인 할 수 있었다. 그리고 그리스도의 복음이 전파되는 곳이면 언제나 그 결과로서 섬김사역이 뒤따르게 되었던 것이라고 할 수 있다.

3. 섬김 신학의 근본 토대[화해, 용서, 평화]

섬김의 신학을 논하는 이유는 복음의 섬김의 사역을 일관되게 수행할 수 있도록 하기위한 신학적인 근거를 제시함에 있다. 즉 섬김의 신학의 이론적 토대는 어떤 신학적인 이해에 기초할 때, 그 과제의 목적을 잘 성취할 수 있을 것인지를 밝히는 신학적인 작업이 되기 때문이다. 그리고 섬김의 신학은 총체적으로 섬김의 의의와 가치를 밝히는 하나의 신학을 뜻하면서, 동시에 의식적으로 섬김의 상황에 개입하고, 섬김의 실제를 비판적이며 구성적으로 반영하는 신학을 뜻한다고 본다.[112] 필자는 이

---

112) 참고, G.Ruddat u.a., 전게서, 92. 각주 4번.

러한 뜻에서 개혁신학의 기본적인 토대로 불리는 창조, 구속, 하나님의 나라, 교회의 책임(윤리), 창조세계의 완성(종말)에 근거하여 섬김의 신학적인 의의와 그 과제를 밝혀보려고 한다. 그러나 기본적으로 하나님의 화해와 하나님의 용서와 하나님의 평화를 실현하는 관점에서 섬김 신학은 설명될 수 있다고 본다.

1) 하나님의 창조와 화해

하나님은 천지만물을 만드시고, 또한 인간을 창조하시고, 그가 만드신 모든 만물의 관리자로 세워주셨다(창1:25-28). 인간은 특별히 하나님의 형상으로 지음 받은 존재이며, 그것은 의사소통의 자질과 모든 피조물을 관리하고, 보존하는 다스림의 자질과 삼위일체 하나님의 최고의 속성인 사회성의 자질을 부여한 일(사랑의 실천)로 이해된다. 그러한 사회성의 근본은 역시 인간이 '사랑하는 자질'을 가지게 된 것을 뜻한다.[113] 여기 '사랑의 자질'이란 섬김과 봉사의 자질을 뜻하는 것으로 이해된다.

하나님은 인간이 사회적 공동체를 이루어 땅에서 생존하도록 3가지 근본 질서를 창조 시에 부여해주신 것으로 이해된다.[114] 그것은 창1:28에 명시된 소위 말하는 '문화명령'(Cultural mandate)의 내용에서 확인된다. "생육하고 번성하며 충만하라, 땅을 정복하라, 만물을 다스리라"

---

[113] 이레네우스는 창1:26절에 나타난 하나님의 형상을 Imago와 Similitudo의 관계로 구분해 보았으며, Imago Dei는 세 가지로 해석하였다. 1)하나님과의 이해적인 의사소통의 자질과 능력으로, 2)현세적인 창조에 대한 관리책임의 자질과 능력, 3)삼위 하나님의 생명을 반영하고 나누는 사회적 실존의 자질과 능력으로 보았다. 여기서 삼위하나님의 생명은 사랑을 뜻한다. 이러한 생각을 미국 두랍대학 신학부의 조직신학교수인 Geoffrey Wainright는 기독교예배의 근본토대를 밝힌 그의 글 'Systematisch-theologische Grundlegung'에서 설명해 놓았다. 참고, in: Handbuch der Liturgie, 3.Aufl., Goettingen, 2003, 78-80. 정일웅, 기독교예배학개론, 157쪽 이하.

[114] Wenzel, Lohff, Glaubenslehre und Erziehung, Goettingen 1970.

는 말씀에서 우리는 인간의 삶이 가능하게 되는 공동체의 3가지 기본질서를 생각하게 된다. 첫째는 성의 질서이며, 둘째는 소유(경제)의 질서이며, 셋째는 통치의 질서이다. 이러한 근본 질서는 사회적으로 여러 제도와 그 제도를 뒷받침 하는 법으로 나타나게 되며, 그 법과 제도는 항상 새로운 시대의 새로운 제도와 법의 탄생으로 가변성을 지닌 것으로 이해된다.

먼저 '성의 질서'는 하나님이 남성과 여성을 만드시고, 남녀의 결합을 통하여 인간의 생명이 새롭게 탄생되도록 하신 일이다. 여기서 사회적으로는 결혼의 풍습과 혼인의 제도가 생겨나게 된다(일부일처제도, 일부다처제도, 일처다부제도 등). 그리고 '소유(경제)의 질서'는 원래 창1:28절에 '땅을 정복하라'는 말씀에 근거하여 해석된 것인데, '땅을 정복하라'는 말씀은 그동안 이웃나라의 땅을 빼앗고 식민지화하는 전쟁을 합리화해 준 말씀으로 오해되었으나, 실제로 '땅을 정복하라'는 말씀은 전쟁과 식민지화를 합리화하고 정당화하는 말씀이 아니라, 현대적으로는 '땅을 경작하고 가꾸는 인간의 일과 노동을' 의미한다고 보며, 여기서 인간의 노동과 생산 활동과 생산된 상품의 교환을 위한 시장(Market)경제의 근거를 생각하게 된다. 여기서 부의 분배를 위한 경제제도가 생겨난다. 이것은 인간이 근본적으로 '소유' 해야 만이 존재가 가능한 창조질서에 속한 일로 보는 것이다. 그리고 '통치의 질서'는 크고 작은 공동체의 다스림의 방식으로 인간사회에서는 전제 군주주의, 독재주의, 귀족주의, 자유민주주의, 사회민주주의 등의 사회적인 국가의 정치제도로 발전하게 된다.

이러한 3가지 근본 질서에 근거한 사회제도들은 윤리적으로 공의(公義)의 관점에서 평가를 받게 되며, 사회의 모순을 가진 제도들은 변화와 개혁의 과제로 제기되기도 한다. 그리고 세상의 여러 직업과 인간의 활동들은 바로 이러한 근본 질서와 사회적 제도와 관련하여 파생된 것들이며, 궁극적으로 이러한 사회적 질서와 더 나은 제도를 향하여 끊임없는 변화를 추구하게 되는 것이다. 특별히 이러한 사회적 제도의 무질서에서 인간은 고통과 고난을 겪게 되는데, 그것이 비인격성의 경험에 대한 감정으로 하나님의 형상의 비애(悲哀)를 경험하게 되는 일이라고 할 수 있다. 또한 그것은 삶에서 경험하는 인간의 모순과 죄악상의 모습이라 할 것이다.

그리고 인간들은 각종의 일들에 관여되어 가진 재능과 능력과 자질의 사용을 통하여 각종 사회 내의 다양한 직종에서 활동하게 되며, 생존의 근거와 존재의 실현을 경험하게 된다. 나아가서 모든 직업은 하나님의 창조세계의 일들에 섬김과 봉사의 직무인 디아코니아를 수행한다고 본다. 이러한 사회적 질서와 법과 제도의 유지는 주님이 다시 오실 때까지 지속되는 것으로 이해되며, 개혁신학은 이러한 사명과 과제를 소위 모든 인간에게 부여된 창조세계에서의 문화적 사명으로 이해하며, 하나님의 백성들의 이웃과 사회에 대한 사회윤리적인 책임과 과제로 이해하게 한다.

그러나 이러한 하나님의 형상에 부여된 기본자질과 능력의 사용은 인간의 자유의지의 남용(불순종)으로 불능상태에 이르게 되었다. 이것을 성경은 하나님에 대한 불순종과 죄로 인한 인간의 타락이라고 부른다. 하지만 하나님은 여전히 인간을 사랑하시며, 기대하시고, 다시 구원하기로 작정하시며, 그러한 구원의 계획과 계시를 그의 아들 예수 그리스도를 통하여 나타내시게 된다. 그것이 하나님의 화해이다. 그는 친히 말씀이 육신이 되어 역사 속에 나타나게 된 것이다. 그것이 그리스도의 성육신 사건이다(요1:14). 그리고 이러한 구원의 은혜가 바로 타락한 인간을 새롭게 회복시키는 재창조의 역사이며, 하나님의 거대한 화해와 화목인 것이다(고후5:17-23). 그 목적은 인간을 다시금 창조사역에 일꾼으로 다시 세우기 위함이다.

이것은 근본적으로 하나님이 인간을 섬겨주신 '하나님의 일'(Opus

Dei)로서 하나님의 섬김(Diakonia Dei)이며, 동시에 인간이 다시금 하나님과 화목하며, 평화에로 나아가게 되는 구원의 은혜인 것이다. 그러한 하나님의 화해의 극치는 이제 독생자 예수 그리스도가 십자가에서 자기를 희생 제물로 내어 놓은 구원의 섬김이 된 것이다. 그리고 그리스도를 통한 구속의 은혜를 경험한 자들은 하나님이 그의 아들을 통하여 나타내신 화해와 용서를 경험하게된 것이며, 이제 이웃에게 증거하며 실현하는 복음적인 사명과 과제를 가지게 된다. 뿐만 아니라 예수 그리스도의 부활은 참 생명을 보증하시는 구원약속의 성취요, 믿음의 열매이며, 성령의 보증이며, 동시에 인류를 향한 하나님의 섬김의 실현인 평화로 이해된다.

이러한 하나님의 섬김은 예배와 예전 가운데서 하나님의 함께 하심인 평화를 경험하며 확인하게 된다. 그것은 곧 성령의 은혜 안에서 항상 거룩함과 새로움을 확인하는 일인 것이다. 그리고 예배는 하나님의 섬김과 인간의 섬김이 만나는 것으로 하나님의 부름 받은 그의 백성들이 다시 만물의 주인 되신 창조주 하나님과 화해하는 일이며, 용서받는 일이며, 평화를 섬기는 응답이 되는 것이다. 또한 하나님의 재창조로서의 구속의 섬김은 예배와 예전을 통하여 그의 백성들이 확인할 뿐 아니라, 이제는 다시금 이웃과 세상을 섬기는 화해와 용서와 평화의 디아코니아로 요구된다. 즉 그리스도의 복음이 전파되는 곳곳에서, 고통가운데 있는 인간을 향하여 그리스도의 복음은 사랑의 디아코니아(실천), 또는 복음의 실천으로 나타나게 된다(화해와 용서와 평화). 그것이 창조사역과 관계된 복음의 실천으로서의 섬김인 것이다.

2) 그리스도를 통한 화해와 용서와 평화의 섬김

예수 그리스도는 구세주로서 이 땅에 오신 목적을 밝히면서, 디아코니아의 개념을 사용하여 자신을 섬기러 온 자로 소개하였다(막10:45). 그것은 십자가의 희생으로 하나님과 인간 사이에 화해의 다리를 놓으시고, 인간의 죄를 속량하시며, 구속된 자로서 하나님과 이웃과 평화 하는 삶을 살게 되는 것이다. 그것이 그리스도를 통하여 경험하는 기독교의 구원인 것이다. 그리고 예수님은 실제로 인간을 섬기는 자로 살았다. 그것은 곧 하나님의 인간의 섬김인 것이다. 예수님의 3년간의 공생애는 그야말로 섬김의 주인답게 죄인인 인간을 사랑하기를 실천하며, 살았던 섬김의 기간이었다. 그는 천국복음을 설교하면서도 고난당하는 인간의 질병을 치유해 주었다. 그는 귀신을 쫓아내고 악마를 다스릴 뿐 아니라(마 8:28-34), 인간의 죄 용서를 주저하지 않고 선언하면서 중풍병자를 치유해 주셨던 것이다(막2:1-12). 그것은 인간을 구원하시는 구원의 주가 되신 메시아의 모습이면서, 동시에 인간을 총체적으로 섬겨주시는 화해와 용서와 평화의 주인의 모습이었다.[115] 그의 인류를 향한 섬김의 절정은 역시 십자가와 부활의 역사적 사건에서 꽃을 피웠고, 열매를 맺게 하였으며, 창조주의 인류구원계획을 성취시킨다.

이러한 예수그리스도의 구속사역은 인류를 향하신 하나님의 사랑(화해와 용서와 평화)이었으며 하나님의 섬김이었다. 요한은 "하나님이 세상을 이처럼 사랑하사, 독생자를 주셨으니, 이는 저를 믿는 자마다 멸망치 않고 영생을 얻게 하려 하심이라"(요3:16)고 증거 하였다. 사도바울은 "우리가 아직 죄인 되었을 때에, 그리스도께서 우리를 위하여 죽으심으로 하나님께서 우리에 대한 자기의 사랑을 확증 하였느니라"(롬5:8)고 증거 하였다. 그러므로 그리스도의 구속사역은 인류를 향하신 하나님의 사랑의 나타남과 그 사랑의 실현으로 이해되는 '하나님의 섬김' 인 것이다. 물론 사도바울에게서는 마땅히 죽어야 할 죄인을 살리신(죄 없다 하심-

---

115) Ebenda.

칭의)값없이 베푸신 은혜요, 하나님의 자비와 긍휼로 표현하기도 한다 (롬3:23-24,엡2:1,8).

그리스도의 구속사역은 인간의 죄로 뒤틀린 하나님의 형상회복과 관계된 일로 이해된다. 이러한 형상회복은 인간이 성령의 은혜로 새로운 피조물로 지음 받는 재창조의 사역이다(고후5:17). 그 목적은 하나님의 동역자로 창조 시에 부여했던 모든 피조물의 다스림의 사역인 문화적 사명을 다시 책임지도록 하려는 것이다(창1:28). 이러한 문화적 사명은 기독교 사회윤리와 사회정의의 과제를 생각하게 하는 근거이기도 하다. 그리고 이와 같이 새것이 되게 하신 재창조의 목적은 하나님과 인간 사이에 이루어진 화목의 사건으로 이해되며, 역시 그 화목의 소식(구원의 복음)은 인류의 죄를 십자가를 통하여 용서하시는 하나님의 사랑의 음성이며, 세상의 모든 사람들에게 전하여야 하는 복음전도의 사명으로 이해된다(고후5:18-20). 또한 예수그리스도의 구속사역은 역시 인간을 향하신 하나님의 사랑으로 이해된다. 그것은 예수의 공생애 동안에 그의 제자들에게 나타내 보이신 예수의 삶에서 확인된다. 사도요한은 예수가 제자들의 발을 씻기신 사건의 이야기를 통해서 그러한 관계를 잘 보여주고 있다(요13:1-20). 예수는 직접 제자들의 발을 씻기신 후에 "내가 너희에게 행한 것같이 너희도 행하게 하려하여 본을 보였노라."(요13:15)고 말씀한다. 역시 이것은 하나님의 사랑을 경험하고 알게 된 자들(기독인)은 역시 이웃의 형제를 사랑하는 일의 책임을 인식하게 해 준 것이다. 요한은 이러한 형제사랑의 요구가 하나님의 사랑과 어떻게 연관된 것인지를 요한1서 4장에서 잘 밝혀준다. "사랑하는 자들아 우리가 서로 사랑하자, 사랑은 하나님께 속한 것이니, 사랑하는 자마다 하나님으로부터 나서 하나님을 알고, 사랑하지 아니하는 자는 하나님을 알지 못하나니, 하나님은 사랑이심이라. 하나님의 사랑이 이렇게 나타난바 되었으니, 하나님이 독생자를 세상에 보내심은 그로 말미암아 우리를 살리려하심이라 사랑은 여기 있으니 우리가 하나님을 사랑한 것이 아니요, 하나님이 우리를 사랑하사 우리 죄를 속하기 위하여 화목제물로 그 아들을 보내셨음이라 사랑하는 자들아 하나님이 이같이 우리를 사랑하였은즉, 우리도 서로 사랑하는 것이 마땅하도다."(요한1서4;7-10). 이러한 요한의 증거는 이웃의 형제를 사랑해야 하는 일이 하나님이 그의 아들을 통하여 우리를 어떻게, 얼마나 사랑해 주셨는지를 아는 것과 맞물린 것임을 깨닫게 해 준다. 그리고 이러한 하나님의 사랑을 깨닫게 하시는 이가 성령일 뿐 아니라, 형제를 향하여 그 사랑을 실천하는 일도 얼마나 성령의 함께 하심에 의존된 일인지를 알게 된다(갈5:16). 어쨌든 중요한 것은 그리스도의 구속사역은 하나님의 인간을 향하신 사랑이며, 이제 그 사랑의 섬김은 우리의 이웃을 향하여 그 사랑(화해와 용서)을 역시 되돌려 주어야 하는 형제사랑의 섬김 사역이어야 한다는 것을 깨닫게 된다(갈5:13).

여기서 우리는 예수그리스도의 구속사역은 하나님의 형상회복을 위한 하나님의 섬김(은혜, 사랑, 자비)이며, 이 소식을 아직도 수용하지 않고 있는 우리의 이웃을 향한 복음전파의 섬김으로 기독인들에게 주어진 선교의 사명이 되었다. 그리고 복음전파와 형상회복은 동일한 하나님의 인류를 향한 사랑의 섬김으로서, 기독인들은 그 일에 부름 받은 예수의 제자들이며, 일꾼들이다. 그리고 그 일은 창조세계의 모든 피조물(자연과 인간)을 다스리도록 명령하신 하나님의 문화적 사명수행과 맞물린 것이다. 그리고 그 문화적 사명은 다시 두 가지 일에 대한 섬김으로 해석된다. 첫째는 교회공동체에서는 하나님을 섬기는 예배하는 예전적인 섬김(요4:23-24)이며, 사회공동체에서는 인간을 섬기는 사회정의 실현의 섬김(롬6:13,12:1)으로 구체화되어야 한다고 본다. 그것은 근원적으로 하나님이 그의 독생자 예수그리스도를 통하여 행하신 구속사역에 대한 신뢰에 근거하여 행동하는 믿음이어야 함을 알아야 할 것이다(약2:14-26).

3) 하나님나라의 실현과 섬김

하나님의 나라는 그리스도의 통치를 뜻한다. 그리스도는 도래하는 저편의 나라인 미래적인 천국을 약속해 주었을 뿐 아니라, 그의 복음전파를 통하여 하나님의 나라가 이 땅에서 알려지고, 확대되어야 함을 언급하였다(막1:15;마13:3-9:18-23:31-33). 그리스도의 복음이 전파되고, 그 복음에 순종하여 믿는 자들이 하나님께 경배와 찬양을 드리는 곳이라면, 하나님의 나라는 그곳에 임하여 있는 것이다(눅17:20-21). 우리는 여기서 섬김의 사역이 하나님의 나라와 어떤 관계에 놓여 있는 것인지를 몰트만의 해석에서 깊은 이해를 얻을 수 있을 것이다.

몰트만에 의하면 섬김은 도래하는 천국의 지평에서 예수 그리스도의 메시아적인 보내심에 참여하는 일로 이해된다. 그리고 그는 섬김과 하나님의 나라의 관계를 이렇게 설명한다. "하나님의 나라에 대한 전망 없이 섬김은 다만 보상하고 회복하는 일로서 생각 없이 행하는 사랑과 같은 것이다. 물론 섬김없이 하나님의 나라의 희망은 다만 요구하고 호소하는, 사랑 없는 유토피아가 될 것이다. 그러므로 섬김의 실천은 희망에 대한 사랑과 구체적인 고난에 대한 하나님나라를 보여주며, 나타내는 관계의 표시로 보아야 한다. 하나님나라의 희망 없이 섬김은 기독교적인 목적을 잃어버리며, 이론과 실천에서 사회국가적인 섬김 행위의 부분이 되고 말 것이다. 섬김은 하나님나라와 함께 기독교적이어야 하며, 사회적인 보상을 뛰어넘어 인간적인 공동체를 새롭게 함의 발단과 실험이 되어야 한다."116)

몰트만은 섬김의 사역을 총체적인 하나님의 나라의 전망 가운데서 전

---

116) J.Moltmann, Zum theologischen Verstaendnis des diakonischen Auftrags heute, in: Ders.: Dieakonie im Horizont des Reiches Gottes. Schritte zum Diakonentum aller Glaeubigen, Neukirchen, 1984, 16-21.

개시키고 있다. 즉 섬김은 하나님과 자신과 사회와 관련된 차원을 바라보면서, 인간적인 삶의 비구원적인 장애물들에 따라 화해와 용서를 드러내는 자유의 섬김으로 본 것이다. 그리고 섬김은 은사적이며, 구원하는 그리고 개방적인 교제의 형태들에서 모습을 얻게 될 것이며, 그러한 교제에는 모든 믿는 자들의 섬김의 직분에서 포함된 은사들이 효력을 가지게 될 것으로 보았다.[117] 그리고 섬김은 궁극적으로 하나님의 나라가 어떤 것인지를 보이는 실체로서, 즉 예수를 따르는 일로서의 봉사이며, 하나님 나라의 지평에서 행하는 섬김이라고 하였다.[118]

그러므로 기독교의 복음전파는 이러한 하나님의 통치의 알림이며, 선전인데, 그것은 역시 섬김을 통하여 실현되며 경험되도록 한다고 판단된다. 그리고 그것이 인간의 구원을 실제화 하는 섬김인 것이다. 그리고 이와 같이 하나님은 그의 아들을 통하여 하나님의 화해와 용서와 평화를 나타내며 다스리는 하나님의 나라의 모습으로 실현하게 하신 것이다.

4) 그리스도인의 책임(윤리)과 섬김

기독인의 책임으로서 섬김은 십계명에 잘 제시되어 있다. 그것은 이제 교회의 책임이요, 기독인의 책임인 것이다. 이것은 복음전파의 사명과 함께 기독인들이 삶에서 실현해야 할 과제인 것이다. 더욱이 섬김은 주님이 다시 오실 때까지 성취시켜야 할 삶의 책임인 것이다. 마치 배의 이윤을 남겨 결산해야 할 종들에게 맡긴 달란트와 같은 것이다(마25:11-30). 그 달란트는 바로 생명의 주인이신 예수 그리스도이시며, 그 안에서 하나님을 사랑하고 이웃을 사랑하는 일이 되는 것이다. 이러한 윤리적 책임으로서의 섬김은 성령의 능력 안에서 행하는 일이며 교회공동체는

---

117) 참고, Ruddat u.a., 전게서, 11-112.
118) 참고, 이삼열, 사회봉사의 신학과 실천, 전게서, 71-72.

바로 섬김의 삶이 가능해 지도록 성령을 약속하신 것이다. 성령은 하나님의 일인 복음전파와 섬김의 사역이 가능해 지도록 배후에서 돕는 하나님의 능력인 것이다. 성령을 선물로 주신 것이 모두 복음전파와 섬김을 위한 하나님의 능력인 것이다(고전12장). 그러므로 기독인들은 복음전파와 섬김의 사역을 성취하려고 할 때, 언제나 성령의 도우심을 의지하여 행하여야 한다(갈5:16;갈6:8-10). 그리고 기독교 복음 선교의 핵심적 과제는 하나님의 아들을 통한 화해와 용서를 전하고, 평화로운 질서 가운데서 올바른 삶을 살아야 하는 삶의 윤리적 책임을 가진다.

5) 창조세계의 완성과 섬김

그리스도는 다시 오실 것을 약속하셨다. 그것은 이 땅에서 시작된 그의 통치의 역사를 완성하는 일과 맞물린 것이다. 그것은 새 하늘과 새 땅으로 약속되었다(계21:2). "…모든 눈물을 그 눈에서 닦아 주시니 다시는 사망이 없고, 애통하는 것이나, 곡하는 것이나 아픈 것이 다시 있지 아니하리니, 처음 것들이 다 지나갔음이러라…보라 내가 만물을 새롭게 하리라…"(계21:4-5).

복음의 실천으로서 섬김은 주님이 새 하늘과 새 땅을 새롭게 하여 그의 백성들에게 제시할 때(재림)까지 이 땅에서 이웃을 향하여 끊임없이 지속해야 할 과제와 사역인 것이다. 그러므로 섬김은 이러한 창조세계의 완성의 사역과 맞물린 것으로 이해되어야 하며, 기독인의 삶의 책임으로 이해되어야 한다. 그 때문에 예수님은 천국백성으로서 반드시 행해야 할 일을 말씀하실 때, 특별히 종말의 사건들과 관련하여 그 전에 준비되어야 할 것을 부탁했으며, 섬김의 과제성취를 요구하셨던 것이다. 그 구체적인 내용들을 살펴보면 아래와 같다.

(1) 종말의 준비와 섬김

마25장1-30절에 두 가지 종류의 비유가 나온다. 첫 번째 것은 처녀가 신랑을 맞이할 준비에 대한 것을 교훈한 것이다. 그리고 등불과 기름을 준비한 지혜로운 다섯 처녀는 신랑을 맞이하게 되지만, 등불은 준비했지만 기름을 준비하지 못한 나태하고 게으른 다섯 처녀는 신랑을 맞이하지 못한다는 이야기이다.

두 번째 비유는 달란트비유에 대한 것이다. 다섯 달란트와 두 달란트를 받은 종들은 그 달란트를 가지고 열심히 일을 하여 백퍼센트의 이윤을 남겨 주인에게 칭찬을 받았지만, 한 달란트 받은 종은 그것을 땅에 감추었다가 가져와 주인에게 결산했을 때, 이윤을 남기지 못한 그 일이 심판의 대상이 되었고, 받은 달란트로 이윤을 남기지 못한 책임을 물어 쫓겨나게 된 것에 대한 이야기이다.

(2) 최후심판의 기준과 섬김

역시 마25장31-46절의 비유의 말씀에서 예수는 섬김의 사역이 최후의 심판과 어떤 관계를 가진 것이지를 보여준다. 이 비유의 내용은 마지막 날에 주님의 보좌 앞에 모든 민족이 양과 염소로 구분되어 최후의 심판을 받게 될 것을 말한다. 그리고 심판의 기준이 주님이 주리고, 목마르며, 나그네 되고, 헐벗고, 병들며, 옥에 갇혔을 때, 그 주님께 도움을 베푼 일이라는 것을 밝혀 주었다. 그리고 오른편 양의 무리로 구분된 자들은 바로 그 일을 행한 자들임을 말한다. 그러나 그들은 언제 그 일을 행하였는지 알지 못했다. 하지만 주님의 대답은 형제 중 지극히 작은 자에게 한 그것이 곧 주님 자신에게 행한 것임을 강조한다. 이 비유가 주는 교훈은 무엇인가? 이웃사랑 실천의 당연성과 잊어버림에 대한 것이다. 양의 무리는 이웃사랑을 실천하고도 잊어버렸다. 염소의 무리는 사랑해야 하는 일을 잊어버렸다. 자세히 살펴보면 양의 무리는 천국을 얻기 위하여 사랑한 것이 아니었다. 사람 앞에 유명해 지고, 주목을 받으려고 사랑한 것도 아니었다. 뽐내고 자랑하려고 한 것은 더더욱 아니었다(고전 13). 그러면 양의 무리들이 도대체 왜 어려움에 처한 자들을 도왔는가? 지극히 작은 자 그가 도움을 필요로 하는 바로 그 한 사람이 있었기 때문이다. 도움은 언제나 필요할 때, 필요로 하는 자에게 나누어야 하는 일이다. 그 일을 위해서 선한 양심을 만들 필요는 없다. 삶에 선한의미를 부여하는 것도 중요하지 않다. 사랑은 굶고 있기 때문에 먹을 것을 굶는 자에게 주는 그 일이다. 역시 사랑은 목마른 자에게 마실 것을 주어야 하는 것이다. 여기서 중요한 것은 도움을 필요로 하는 인간이다. 사랑은 사랑으로 사랑하는 일이다. 그것이 섬김의 사역이다. 그리고 행한 것을 그저 잊어버리는 일이다. 그러므로 사랑은 사랑 이외의 그 어떤 다른 의도로 행하는 일이 아니어야 한다는 교훈을 받는다.

(3) 사랑의 이중계명과 섬김

기독인은 하나님을 사랑하는 일과 인간을 사랑하는 일인 하나님사랑의 이중계명이 삶에서 실천되기를 요구받고 있다. 그것은 그리스도를 통한 구원의 은혜를 경험하고, 그의 제자 된 자들의 삶의 책임이다. 즉 하나님의 구원의 은혜를 입은 자들에게서 실천되기를 바라는 하나님의 요구이다. 그리고 실제로 하나님 사랑과 이웃사랑은 서로 분리되는 일이 아니라, 함께 예속된 일이다.

이러한 하나님의 명령에 근거하면 우리 각자는 마음을 다하고, 성품을 다하고, 뜻을 다하여 하나님을 진실로 사랑해야 한다. 그것은 그를 신뢰하고, 그의 말씀을 들으며, 그에게 감사하며, 그를 경배하는 일이다. 내 이웃을 내 몸처럼 사랑하는 하나님의 요구는 어떤 것인가? 내가 나의 이웃을 신격화하거나, 경배하라는 것이 아니다. 나의 이웃은 나와 같은 사람이다. 내가 상처를 받으며, 위험에 처하게 되며, 많은 염려에 휩싸이며, 먹고 마시고, 잠자고, 거처할 곳이 필요한 존재인 것처럼, 다른 이의 명예와 그의 삶이 의미를 갖도록 사랑해야 한다는 그것이다. 그 이유는 나의 이웃은 나와 같은 존재이기 때문이다. 여기서 나와 이웃은 서로에게 필요를 채워주어야 하며, 관심을 가져주며, 힘 있는 도움과 위로와 권고를, 그리고 돌봄과 존경을 베풀어야 하는 것이다. 그것은 나의 이웃이 진실로 인간으로 존재하며, 인간됨의 인격적인 품위를 지닌 자로 살아갈 수 있도록 하기 위함이다. 물론 모든 이웃이 동일한 것을 필요로 하는 것은 아니다. 모든 이웃은 하나의 이웃을 필요로 한다. 그는 나처럼, 하나님을 필요로 한다. 그러나 만일 내가 하나님의 기쁨으로 그를 도울 때, 신뢰와 신앙의 자유와 하나님 사랑에 있어서 나는 그렇게 나의 이웃을 사랑하는 것이다.

(4) 영생 얻음과 섬김

이러한 하나님사랑과 이웃사랑계명의 실천은 최대의 섬김의 과제이지만 동시에 종말에 하나님으로부터 약속된 영생을 얻는 일과도 직결된 일임을 생각하게 된다. 그러한 내용을 우리는 누가복음 10:25-37에 나타난 선한 사마리아인의 비유에서 확인할 수 있다. 한 율법사가 예수님에게 찾아와 자신이 무엇을 하여야 영생을 얻을 수 있는지를 묻고 그 대답을 구하는 것으로 대화가 시작된다. 이러한 율법사의 질문에 예수님의 대답은 하나님사랑과 이웃사랑을 실천하라는 것이다. 즉 이를 행하라 그리하면 살리라고 하신 것이다. 하나님사랑과 이웃사랑의 실천은 영생을 얻는 것과 관계된 일임을 암시하였다. 그리고 계속되는 대화 가운데서 여리고로 가다가 강도만난 자의 이야기를 다시 들려줌으로써 예수님은 누가 강도만난자의 이웃인지를 역시 묻고, 율법사로 하여금 대답하게 하였다. 또한 예수님은 이와 같이 행하라고 하였다. 그러므로 하나님사랑과 이웃사랑의 실천에 대한 주님의 명령은 바로 그리스도인들의 삶의 중요한 근거요,

디아코니아의 본질이며, 영생 얻음과 직결된 것을 생각하게 해준다.

(5) 신앙열매와 섬김

예수는 산상보훈에서 믿음은 나무에 맺어지는 열매로 비유하여 교훈하였다. 즉 '열매로 보아 알지니라'(마7:20)고 한 말씀에서이다. 그것은 하나님을 믿는다고 하면서도 그 믿음이 이웃과의 삶에서 예수의 사랑을 실천하는 모습으로 나타나지 않음의 나태에 대한 경종으로 이해된다. 그리고 역시 기독교 신앙(믿음)의 본질은 행함과 관련하여 행동 실천적인 믿음이어야 함을 깨닫게 된다. 이것이 바로 복음의 섬김인 것이다. 야고보는 믿음과 행함의 관계를 영혼의 죽음에다 비교하여 강조하기도 하였다(약2:14이하). 그러므로 기독교신앙은 믿음과 행함의 긴밀한 관계로 역동적인 것이어야 함을 교훈 받게 된다. 그리고 또한 요한복음에서 예수를 의지하고, 그의 복음을 믿는 우리의 믿음은 얼마나 형제를 사랑하는 일과 관계된 것인지를 깊이 있게 교훈하고 있다.

(6) 원수 사랑과 섬김

"또 네 이웃을 사랑하고 네 원수를 미워하라는 것을 너희가 들었으나, 나는 너희에게 이르노니 너희 원수를 사랑하며, 너희를 핍박하는 자를 위하여 기도하라 이같이 한즉 하늘에 계신 너희 아버지의 아들이 되리니"(마5:43-45). 이 말씀은 섬김의 사역이 원수를 사랑해야 하는 일과도 깊이 관계되어 있음을 교훈한 것이다. 한국교회와 기독인들이 북한정부와 북한 동족들을 어떻게 대하여야 할 것인지, 그들에게 복음의 섬김을 실천해야 할 이유가 무엇인지를 깊이 있게 교훈하는 말씀이 이 본문일 것이다. 특별히 하나님의 섬김은 원수까지도 사랑해야 하는 명령으로 한국교회에 주어진 것임을 인식해야 할 것이다.

4. 섬김 사역과 관련된 신학적인 질문과 대답

섬김의 신학을 말할 때, 그것은 아직도 논의를 거쳐야 할 많은 신학적인 질문들이 있음을 생각하게 된다. 여기서 필자는 지금까지 신학적으로 논의 되었거나, 논의될 수 있는 것들을 간략하게 질문을 따라 대답의 형식으로 소개해 보기로 한다.

1) '이웃사랑'은 과연 어떤 것인가?

'섬김'에서 중요한 것은 이웃사랑의 실행이다. 고난가운데 처한 사람을 돕는 그 자체가 중요하다는 말이다. 섬김의 모든 것은 이웃이 사랑으로 돌보아지며, 그 안에서 필요한 도움을 나누도록 사랑의 이중계명의 순종과 염려의 책임에 대한 관심정도를 말하는 것이 아니다. 무엇보다 중요한 것은 윤리적인 관점에서의 행동이다. 왜냐하면 이웃사랑으로서의 섬김은 실천적인 것이기 때문이다. 이웃사랑은 어려움에 처한 형제를 돕는 이론이 아니라, 실천 그 자체인 것이다. 주의해야 할 것은 이웃사랑은 신학적으로 그리스도인의 윤리적인 행동의 책임을 의미한다는 것이다. 그러나 그것은 하나님 앞에 자랑할 만한 율법성취의 의(義)의 공로(功勞)이거나, 자아실현의 공로는 아니라는 점이다.[119] 이웃사랑의 중심은 예수님의 선한사마리아인의 비유이야기에서처럼 강도만나 고난에 처한 그 이웃을 향한 선한 사마리아인의 모습이어야 하는 거기에 있는 것이다.

---

119) Vgl.Pieter Johan Roscam Abbing, Theologishce Grundprbleme der Diakonie, in: TRE Bd.VIII., 644.

2) 이웃사랑의 대상은 누구인가?

섬김은 어떤 경우에라도 교회의 모든 지체들에게로 향하는 일임이 분명하다. 이러한 형제사랑에 대한 하나님의 뜻은 신약성경에 인상 깊게 강조되었다. 그런 전제에서 보면 일차적으로 이웃사랑의 대상은 기독인들이다. 그러나 성경이 말하는 이웃사랑의 대상은 기독인을 뛰어 넘고 있음을 인식하게 된다. 적어도 예수님이 보여준 전 인류의 구원을 위하여 섬기는 자로 오셨다는 그의 말씀과 행동실천의 모습에서 그것은 분명하다고 할 것이다. 그리고 성경은 내면적으로 지향되고 경험된 그리스도의 사랑은 이제 밖(이웃과 삶의 상황)을 향하도록 요구하고 있는 것이다. 사랑의 이중계명에서 거론된 '이웃'은 과연 누구를 가리키는지, 그 대답은 분명하다고 할 것이다. 왜냐하면 그 사랑은 기독인 형제와 비기독인 형제를 모두 다 포함하고 있기 때문이다. 그리고 디아코니아는 기독인과 비기독인 사이에서 자기의 위치를 취하고, 행동해야 하는 일이다.

그러므로 그리스도의 교회는 믿는 형제와 이웃과 전혀 알지 못하는 비신자들을 사랑하는 일에도 부름 받은 것은 분명한 사실이다. 그 때문에 믿는 형제만 돕는다는 좁은 생각에서, 믿지 않는 이웃을 더 주목해야 할 필요가 있으며, 먼 타국에 있는 사람들에게도, 특히 그리스도의 복음을 알지 못하는 경제적으로 가난한 나라의 형제들에게도 관심을 가져야 하는 인식을 성경은 보여주고 있다. 물론 여기서 사랑은 누구에게로 먼저 향하여야 하는지에 대한 실천의 우선권의 질문이 따를 수 있다. 만일 수단이 제한적이라면, 누구에게 먼저 사랑의 도움이 주어져야 하는가? 많은 사람들은 믿는 형제에게 우선권을 준다. 다른 이들은 자기 관련성과 제한성을 말할 수도 있다. 그리고 믿음과 관계없는 자들에게도 사랑의 도움이 제시되기를 원한다. 이러한 생각은 모두 바울의 갈6:10절의 말씀에 의존된 생각이라고 할 수 있다.[120] 그러므로 교회공동체는 사랑의 교제를 우선적으로 중요하게 인식하고 실천해야 하며, 다만 신자에게만이 아니라, 불신자들에게 더 우선하여 실천되어야 할 일로 인식해야 할 것이다.

3) 섬김의 방법은 어떠해야 할 것인가?

사랑의 이중계명의 관점에서 볼 때, 이웃을 사랑으로 돌보는 일은 분명히 하나님의 뜻이다. 그렇지만 그러한 사랑의 실천은 지속적인 의견을 필요로 하는 것은 아니다. 누군가가 고난 가운데 있다면, 고난을 극복하는 사랑의 도움이 요구될 뿐이다. 그리고 그것이 바로 섬김의 사역이 실행되는 정황이라 할 수 있다.[121] 그러한 정황에서 고난을 돕는 각자의 방식은 정확히 그 정황을 파악하여 실행하는 것이 아니기 때문에, 인간들이 직면하는 고난은 여러 다양한 정황이 있다는 것을 생각해야 하며 그 정황에 따라 다양한 도움제공의 방법들이 적용되어야 할 것이다. 예를 들면 고난에는 인생의 주인이 누구인지를 분명히 알지 못해서 생기는 것도 있다. 그러한 모습에는 복음을 전하는 선교가 필요할 것이다. 불신자들을 통하여 신자들이 위협받게 되는 고난도 있다. 거기에는 복음의 설교가 뒤따라야 할 것이다. 도덕적으로나 영적으로 잘못 판단하여 생겨난 고난이 있을 수 있다. 그것은 영적인 돌봄(상담)의 과제 영역에 속한 것일 수 있다. 그러므로 정황을 잘 파악하여 상담의 방식으로 대처할 수 있을 것이다. 역시 운명적으로 덮친 고난과 고통이 있을 수 있다. 그것은 불신앙과 인간적인 실수, 또는 죄를 도외시한 것에 원인이 있을 수 있다. 그러나 인간의

---

120) "그러므로 우리는 기회 있는 대로, 모든 이에게 착한 일을 하되 더욱 믿음의 가정들에게 할지니라"(갈6:10).
121) 비교, P.J.R.Abbing, TRE Bd.Ⅷ, 전게서.

외적이며, 내적인 상태가 그를 어떤 위험에 빠지게 하는 경우도 있을 수 있다. 그러한 고난은 신체적이거나, 영적인 종류의 질병을 가진 것에서 생겨날 수 있다. 또한 고난은 경제적으로나, 사회적인 여건들의 악화에서 발생된 고통일 수도 있다. 즉 직업생활의 과도한 노동에서, 실직상태와 극심한 가난에서, 차별적인 대우를 받는 일 등에서이다. 그리고 인간관계의 잘못으로 겪는 고난도 있을 수 있다. 즉 고독함, 인정받지 못함, 박해받음, 순수한 고난 등. 또한 고난의 상태에 대하여 잘못 대처한 것이 다시 새로운 고난을 초래하게 되는 경우도 있다. 그리고 영혼의 질병은 대략 내면적으로 잘못된 결단과 거기서 돌출되는 잘못된 관점과 잘못된 행동방식에서 연유된 것일 수도 있다.[122] 그러므로 이러한 다양한 인간의 고난에 대하여 섬김은 종합적이며, 총체적으로 그 효력을 초래할 수 있는 다양한 방법으로 접근하는 대처방식이 필요해 진다.

4) 고난은 개인적인 것인가? 사회구조적인 것에서인가?

섬김의 사역은 역사적으로 개인이 처한 어려움과 고난에 도움을 베푸는 일에서 시작된 것이다. 그러나 오늘날 인간이 당하는 고난은 단순히 개인적인 것에서라기 보다는 더 깊은 사회적 관련성을 직시하게 된다. 그리고 일반적으로 인간은 실제로 삼중적인 모습에서 고난을 경험한다고 본다. 그것은 신체적이며, 영적이며, 사회적인 관계에서 겪는 고난을 말한다.[123] 이러한 삼중적인 모습의 고난은 한 분야의 도움(디아코니아)으로 해결되는 것이 아니라, 사회전체의 구조와 연결되어 있음을 생각하게 한다. 그러므로 현대의 섬김은 사회구조의 개선에 목표를 두고 활동하는 경향을 가진다. 그리고 잘못된 사회의 구조를 개선하기 위하여 힘

---

122) 비교, P.J.R.Abbing, 전게서, 645.
123) 비교, P.J.R.Abbing, 전게서, 645.

의 대결인 투쟁이 필요한 것으로 이해하며, 그것이 모든 사람들에게 지속적인 영향을 미치는 도움이 될 수 있을 것으로 생각한다. 그러나 그러한 섬김의 사역은 정치적인 성격을 가질 수도 있다. 그리고 이러한 일들은 일정한 지역에 한정된 것이 아니라, 국가적이며, 전 세계적인 규모로 전개될 수도 있다. 또한 이러한 사회구조적인 개선의 방향에 관심을 둔 디아코니아는 오래전부터 산업화를 추진하는 국가들(개발도상국)과 산업화된 국가들 사이에서 착취당하는 노동자들을 대변하는 역할에까지 섬김의 관심영역을 확대시켜주기도 하였다.[124] 그러한 일들은 오늘날 유엔(UN)의 지원 하에서 전 세계적으로 전개되고 있는 NGO의 활동들에서 경험되기도 한다.

결과적으로 건강한 환경조건의 개선을 위한 투쟁은 역시 현대사회가 당면한 디아코니아의 과제라고 할 수도 있을 것이다. 비인간적인 환경조건들의 개선에 대한 투쟁은 불의(Ungerechtigkeit)에 대한 투쟁으로 나타나게 되며, 또한 그러한 투쟁이 섬김의 사역에서는 요구되기도 한다.

여기서 생겨나는 질문은 피조물의 고난에 대한 섬김은 과연 이러한 세 가지 모습(신체적이며, 영적이며, 사회적인)의 전체에서 수행되어야 하는지, 그렇다면 섬김은 그러한 모습에서 성장되며 발전되는 엄청난 규모의 과제가 될 것이다. 이러한 물음은 지난 세기에서부터 구미신학에서 산업화의 과정과 함께 대두되었다. 그러나 신학적으로는 아직도 분명한 대답을 발견하지는 못하고 있는 실정에 있다고 할 것이다. 그리고 역시 중요한 신학적인 질문은 정말 디아코니아가 이와 같이 전 영역에서 전개되도록 확대되어야 하는 것인지에 대한 것이다.[125]

이러한 물음에 대하여 독일에서는 두 학자인 크림(H.Krimm)과 베트란트(H.D. Wendland) 사이에서 열띤 토론이 있었던 것으로 알려져 있

---

124) 비교, P.J.R.Abbing, in: TRE Bd.Ⅷ., 전게서.
125) 비교, 전게서, 645.

다. 크림은 19세기 디아코니아의 모습에 비하여 섬김의 실천분야를 더 확대하기를 원하며, 그러나 무한대로 펼칠 수는 없다고 본다. 하지만 그는 초대교회의 신앙실천에서 기초되었던 섬김의 고유성을 보존하기를 원한다. 그러한 섬김은 대략 질적인 고유성이며, 모든 것을 위한 양적인 것은 아니라고 답변한다. 그것은 먼저 도움을 필요로 하는 자들의 모습을 지향하는 일이며, 인격적인 관계를 찾으려는 모습이다. 그러나 현대사회는 교회의 섬김 사역은 고유한 것으로 사회법이 다스리는 완고한 정치에서 관철할 수 없을 만큼 사회화 된 것으로 보았다.[126]

이러한 생각에 비하여 벤트란트는 '섬김의 개인적인 도움', 또는 '사회적인 섬김'이 양자택일의 사건이 아니라는 것을 경고한다. 그는 인간이 처음부터 제도적으로 설정된 존재라는 것이다. 그것은 신학적으로 섬기는 주 예수 그리스도의 통치의 우주성에 대한 기독교의 신앙으로 바로 구조적인 것에 상응한다고 주장하였다.

신학적으로는 이 두 저자들의 견해는 아주 유사한 것으로 판단된다. 그들은 역시 교회의 예전과 복음증거와 섬김 사역의 중요성을 적극적으로 대변하는 분들이다. 그리고 섬김은 그리스도 중심적이어야 한다는 생각을 가진 것이 분명하다고 본다. 그러나 크림의 생각은 섬김의 근본구조의 재발견이 섬김의 큰 영향을 미치는 교회에서 집중되기를 희망하고 있는 반면, 벤트란트는 섬김의 사역이 하나님의 통치 아래에 있는 사회와 교회의 실체를 다시 인식하는 전제에서 이러한 인식이 중재되며, 중재되는 사랑 가운데서 섬김이 실제화 되어야 할 것을 말한 것으로 이해된다.[127]

어쨌든 교회는 인간을 해치고, 위협하는 모든 것에서 섬김을 제공하는 공동책임을 느껴야 한다는 것은 분명하다. 즉 신체적으로나, 영적인 것

---

[126] 비교, 전게서, 645.
[127] 비교, 전게서, 646.

에서 뿐 아니라, 사회구조에 있어서도, 역시 국가의 행위와 정치에 대해서도 그러한 요구는 동일한 것이라고 생각한다. 이러한 영역에 대한 교회의 염려는 교회의 섬김의 과제를 어떻게 이해하는가에서 생겨나게 되는 일이라고 생각한다.

5) 섬김은 꼭 기독교적인 사랑이어야 하는가?

'섬김의 실천에서 사랑의 형태는 어떤 것이어야 하는가?', '보편적인 인간적 사랑의 섬김과 기독교의 사랑의 섬김은 동일한 것인가?' 이러한 질문은 신학적으로 논쟁될 수 있는 물음이라고 본다.

일반적이며, 인간적인 사랑은 모든 사람들이 각각 이웃에 대하여 따뜻한 마음을 가지고 동정하고 돕는 사랑의 온정적인 행동이라고 할 수 있다. 이웃의 고난에 대한 호소에서 각자가 이러한 호소를 양심적으로 인지하고, 적극적으로 응답하고 사랑을 실천하는 일이다. 그리고 모든 윤리적인 행동은 그러한 사건에서 돌출된다고 말할 수 있다. 인간의 윤리적인 행동은 이웃에서 시작되며, 고난에 대한 호소에 응답하는 바로 거기서 시작된다고 본다. 또한 인간은 응답하는 본체이다.[128] 그러므로 일반적이며 인간적인 사랑의 행위로서 누구나 그 양심의 본능으로부터 고난당하는 이웃을 도우려는 섬김이 가능한 것이다. 그리고 이웃을 위한 일반적이며 인간적인 선한 것(마음)이 있기 때문에, 실제로 휴머니즘적인 국제기구들이 나타내 보이는 섬김의 사역이 기독교적인 것과는 관계없이 존재하게 되는 것이다. 예를 들면 각국의 적십자 기구들이 그러하며, 국제적으로 활동하는 사면기구가 그러하다고 할 수 있다.[129]

---

128) 비교, 전게서, 647.

129) Rotes Kreuz, Amnesty Internationel.

여기서 우리는 기독교적인 사랑으로서 섬김은 이러한 보편적인 인간적 사랑과 구별하여 생각하게 된다. 즉 섬김은 복음적인 사랑에서 그 동력을 가진다는 점이다. 이웃에서 나아오는 호소를 듣고, 적극적으로 응답하는 것은 바로 휴매니즘의 양심에서라기보다는 그리스도의 복음에 근거한다고 본다. 그러나 보편적이며, 인간적인 것과 윤리적인 양심은 복음적인 상황에 있는 기독인들에게도 역시 편승된 일이다. 그리고 먼저 기독인에게는 복음적으로 결정된 깊은 동기가 주어졌다고 본다. 그것은 하나님이 지시한 것인데, 하나님에 대한 순종이 사랑을 대신하여 이웃에게 나타나게 되는 것이 아니라, 반대로 하나님은 인간에게 그의 이웃을 실제로 사랑하기를 지시하시며, 이러한 호소에 우리 자신의 마음을 닫지 말고, 더 많이 열어 놓아야 함을 말씀하신 것으로 이해해야 한다. 이러한 하나님의 계명은 복음에 편승되어 있는 것이다. 그리고 하나님은 우리에게 먼저 그의 은혜를 증명해 보여주었으며, 이러한 은혜의 관점은 이웃을 감싸고, 돌보기 위한 하나님의 일에 하나님이 우리를 사용하시기를 원하신다는 것을 알게 해 준다. 그리스도는 우리 기독인의 봉사에 모범이시며, 또한 근거인 것이다.[130] 그 때문에 기독교의 섬김은 그리스도 중심적이어야 한다는 것을 강조해야 한다.[131] 더불어 복음적인 관점이 계속적인 효력을 가지도록 의미가 부여되어야 한다고 본다. 도움을 필요로 하는 인간은 복음의 빛 가운데서 하나님의 형상으로 보이며, 소외된 자로 보이며, 그렇지만 하나님의 사랑을 통하여 그리스도와의 교제의 대상에로 바라보아야 하는 것이다. 그러한 사람을 돕는 자는 역시 복음의 빛 가운데서 자신 스스로를 보는 것이다. 그리고 그는 그가 받아들인 구원에 대하여 감사하며, 무엇인가 하나님의 사랑으로부터 계속 전파하고

---

130) 참고, H.D.Wenland, Christos Diakonos – Christos Doulos, Zuerich 1962, 181쪽 이하.
131) 참고, 독일 신학자 P.Philippi는 그의 'Christozentrische Diakonie' 란 책(Stuttgart 1963)에서 이러한 관점의 디아코니아를 잘 설명해 주었다.

싶은 마음을 가지게 된다고 할 수 있다.[132]

그렇지만 여기서 기독인의 섬김의 행동방식이 비기독인들과 어떻게 구별될 수 있는지가 질문이다. 이점에 대해서 먼저 이웃사랑을 실천하는 의도에서 구분된다고 할 수 있다. 기독인의 사랑은 분명히 비기독인과 동일하게 이웃의 복지(무탈)를 지향한다. 표면적인 여건들이 중요한 만큼 양자(기독인과 비기독인)는 적어도 그 점에서 일치할 수 있을 것이다. 즉 사람들의 건강, 노동, 수입, 인정받음 등의 문제들에 도움을 제공한다. 그러나 기독인은 인간이 필요로 하는 것은 무엇인지를 깊이 있게 생각하게 된다. 이때 기독인은 인간이 필요로 하는 것은 하나님과의 깊은 평화(화해)임을 알고 있다. 그리고 기독인은 그를 돕는 사랑(디아코니아)에 근거하여 이러한 평화에로 인도하기를 바랄 것이다. 그리고 기독인은 그의 이웃이 하나님의 복음으로 함께 살게 되기를 염원할 것이다. 이러한 관점으로 자신의 믿음을 따르도록 바랄 것이며, 비기독인이 잘 알지 못하는 삶의 목표를 함께 이해하며, 따르기를 희구할 것이다. 그 때문에 이웃에게 베풀어지는 사랑은 섬기는 봉사일 뿐 아니라, 복음증거의 봉사일 수 있으며, 영혼 돌봄의 사역일 수 있는 것이다. 이러한 공간들은 완전히 분리될 수 없기 때문에, 섬김의 범주에서 행위는 보편적인 인간의 협력조직체들의 범주에서 이루어지는 것과 다르게 실천될 수 있는 것이다.[133]

그럼에도 불구하고 역시 기독교 내에서 섬김의 관점에 대한 다양한 이론들이 대두되고 있다. 특히 기독교적인 관점에 근거한 인본주의(Humanismus)적인 섬김을 대변하는 그룹도 있으며, 또한 복음적으로 설정된 깊은 동기와 근본통찰을 인정하는 그룹도 있다. 이러한 그룹들은 행동의 표준으로서 단순히 비기독인들로부터 제시되는 인간성의 사용할

---

132) 참고, TRE Ⅷ., 647.
133) 참고, 전게서, 648.

만한 모범을 이용하기도 한다. 예를 들면 이 시대의 로마가톨릭교회의 윤리신학자들은 기독교윤리는 그 내용에 따라 기독교 신앙과는 무관하다는 입장을 견지하고 있다. 프로테스탄트 신학자들에게서도 이러한 관점에서의 기독교 윤리관이 견지되고 있는 것으로 알려졌다.[134] 물론 그러한 윤리적 태도가 결과적으로 기독교 내에 완전히 관철되지 않았다는 것은 여러 가지로 확인되고 있다.

다른 한편 기독교 내에는 성경의 문자적이거나, 근본주의적인 관점들이 기독교적이며 성경적인 윤리관의 독자적인 관점에서 나아와 비기독인들의 윤리를 앞서부터 이단시하는 그룹도 있다. 여러 기독교 나라들에서도 이러한 관점에서 기독교 윤리와 비기독교 윤리를 흑백논리 적인 사고로 구분하는 자들을 만나게 된다. 이러한 경우에 모든 섬김의 사역은 기독인들로만 조직되어야 하며, 일반적인 디아코니아와는 관계를 갖지 않는 모습을 견지하게 될 것이다.[135] 그렇지만 섬김의 사역에서 비기독인들과의 연대가 필요할 때는 연대할 수도 있을 것이며, 다만 그 의도하는 바와 목표하는 바에 차이가 있기 때문에 기독인의 섬김은 결정적인 영역에서 복음적인 동기와 관점을 견지하도록 힘쓰는 기독교적 섬김의 조직이 필요하다고 할 수 있다.

6) 섬김의 주체는 누구인가?

섬김의 과제는 그리스도인 개인에게 부여된 하나님의 뜻으로 이해한다. 그 때문에 개별적인 신앙의 행위로서 실천되기를 바라는 경우가 있다. 특히 구제행위에 있어서 오른손이 한 것을 왼손이 알지 못하게 하라

---

[134] 참고, 가톨릭의 윤리신학자로서는 J.Fuchs, A.Auer, W.Korff, B.Schueller 등이 있으며, 개신교에서는 G.Ebeling, K.E.Logstrup, W.Trilhaas, MHonecker 등의 윤리신학자들이 있다.
[135] 참고, TRE VIII., 전게서, 648.

고 교훈한 예수님의 말씀과 관련하여 과연 교회의 조직체가 섬김의 주체가 되는 것이 정당한지가 질문된다.

독일의 신학자들은 오래전에 섬김의 주체는 누구이어야 할 것인지의 물음이 대두되었을 때, '그리스도의 교회요, 공동체의 회중이' 섬김의 주체가 되어야 한다는 것을 분명히 해 주었다.[136] 물론 이러한 이해는 모든 지체들이 동일한 형태의 섬김에 동일한 방식으로 불리어짐을 말한 것은 아니라는 것을 인식해야 하며, 다양한 은사에 따라 다양하게 전개되는 것임을 생각해야 한다.

독일의 신학자 콜머(Collmer)는 교회의 섬김에 대한 표준적인 설계를 그의 글에서 다음과 같이 제시하였다. "교회 내에서의 섬김은 교회의 사랑실천과 사회적인 과제를 포함한다. 그리고 a) 교회의 지체의 개인적인 서로서로의 협력에서, 지체와 고난을 당한 자들과 교회 밖에 있는 동반자들을 위하여 교회의 협력에서, b) 사랑의 봉사 가운데서 필수적인 조치들과 시설들의 도움과 조치에서, c) 시대의 사회 윤리적이며, 사회정치적인 과제들에서 행동에 유효한 동역에서, d) 모든 방식의 준비와 수집에서이다. 교회는 디아코니아를 뛰어 넘어 그들의 기도와 사랑과 희생제물이 교회의 총체적인 사랑의 봉사에 형제적인 공동책임과 공동협력에 책임이 있음을 아는 것이다."[137] 또한 독일교회(EKD)는 교회의 기본법 제 15조에서 이러한 콜머의 입장에 상응하게 섬김의 사역이 얼마나 교회의 본질에 상응하는 일인지를 다음과 같이 밝혀주었다. "디아코니아는 교회공동체의 삶의 표현이요, 본질의 표현이다." 현재 독일교회는 이러한 섬김 사역의 교회론적인 이해에 근거하여 다양한 형태의 섬김 사역이 진행되

---

136) 참고, 1953년에 H.Krim은 그의 책 'Das diakonische Amt der Kirche' 에서 잘 밝혀주었다. 그리고 P.Philippi는 그의 책 'Christozentrische Diakonie' 11장에서 'Diakonie als Struktur der Gemeinde' 라는 주제로 잘 해명하였다.

137) 참고, TRE VIII., 전게서, 649. P.Collmer의 책 제 4장. 재인용.

고 있으며 그 모범을 보여주고 있다고 할 수 있을 것이다.

7) 섬김과 예배는 어떤 관계인가?

여기서 우리의 질문은 섬김은 예배와 어떤 관계에 있는 것인가 하는 점이다. 예배는 네 가지 관점에서 섬김의 사역과 깊이 연관된 일이라고 본다. 그 첫째는 말씀의 섬김이며, 둘째는 성례의 섬김이며, 셋째는 기도의 섬김이다. 즉 교회는 말씀과 성례의 선물을 구하고, 동시에 교회와 세상을 위한 기도를 행하게 된다. 그리고 넷째는 자비(선)의 섬김이다. 즉 이것은 교회(회중)가 피조물의 고난에 대한 투쟁에 사용할 선물을 하나님 앞에 가져오게 된다. 특이한 것은 이러한 자비의 봉사(diakonia)는 예전의 관계에서 역시 '제물의 섬김'(Opfergaben)로 불린다는 점이다. 즉 교회의 회중은 돈이나, 자연의 농산물을 예배 가운데서 제물로 하나님께 드리게 된다. 이러한 표시는 물론 하나님을 위한 제물로 이해하게 되는 인상을 줄 위험이 있다. 왜냐하면 하나님을 위한 제물은 그 어떤 모습이든 죄를 속량하는 일과의 연결을 초래하기 때문이다. 물론 우리는 여기 언급한 '위험'이란 것이 불가피한 일이며, '제물'이란 개념을 사용하지 못함을 말하려는 것은 아니다. 신약성경은 이러한 개념을 이미 사용하고 있다. 예를 들면 바울이 로마서 11장까지 죄와 구원의 가르침에 대하여 말하고, 12장에서 그 구원의 은혜를 수용한 자가 어떻게 하나님을 섬기며 살아야 할 것인지, 삶의 윤리에 대하여 말할 때, 앞장들에서 언급된 하나님의 자비하심에 근거하여 '너희의 몸을 하나님이 기뻐하시는 거룩한 산 제물로 하나님께 드릴 것'을 권고하였으며, 그것이 '너희의 드릴 영적 예배니라'고 했던 것이다(롬12:1).[138] 여기서 생각된 것은 로마가

---

[138] 물론 우리말에서 '너희의 드릴 영적예배니라'고 한 헬라어 말씀은 $τῷ\ θεῷ\ τὴν\ λογικὴν\ λατρείαν\ ὑμῶν$. '합당한 예배', 또는 '온전한 예배'로 번역하는 것이 더 정확한 의미일 것이다.

톨릭교회가 아직도 강조하고 있는 '속죄의 제물'(Suehneopfer)이 아니라, '감사의 제물'(Dankopfer)을 드려야 하는 일이다.

생각하면 우리 신자들이 예배에서 순서에 따라 헌금(제물)을 드리는 것은 이웃을 위하여 사용할 감사의 제물(사랑)을 먼저 하나님께 드리는 일이며, 우리의 드린 것들(감사의 제물)은 믿음으로 볼 때, 주님에게서 온 것임을 고백하기 위함이며, 동시에 주님께서 우리의 이웃을 위한 이 선물(감사의 제물)을 복되게 하시기를 간구하는 일이라 할 것이다.[139]

여기서 또 한 가지 생각해야 할 것은 자비와 기도의 섬김 사이에서 다음과 같은 관계들이 성립된다는 점이다. 즉 이 양자는 교회(회중)의 대답으로 주목되어야 하는 점이다. 하나는 말씀의 대답이요, 다른 하나는 행동의 대답이라는 것이다. 그리고 양자는 그 대답을 하나님께로, 이웃에게로 향하게 한 것이다. 또한 이 양자는 서로 상호적이며, 조건적이라고 할 수 있을 것이다. 만일 그 어떤 힘으로 이러한 고난에 대항하도록 아무런 준비도 없이, 교회가 말하자면 고난의 감소를 위하여 하나님의 도움을 구하는 기도만 한다면, 아마도 그 기도는 광대놀음과 같은 웃기는 일이 되고 말 것이다. 반대로 만일 교회가 단순히 봉사를 적극적으로 실천하고, 기도하기를 게을리 하면, 교회의 섬김 사역은 하나님의 도움 없이 고난을 해결할 수 있는 것처럼, 자기 스스로의 힘으로 시도하는 결과에 이르고 말게 될 것이다.[140] 그러므로 교회의 자비의 섬김 사역과 기도의 섬김 사역은 예전의 관계에서 불가결한 상호조건의 상태에 있음을 바르게 알고, 실천하도록 힘써야 할 것이다.

자비의 섬김 사역과 성례의 섬김 사역 사이의 관계도 역시 우리가 깊이 주목해야 할 부분이 있다. 성례는 원래 교회(회중)에 주시는 하나님의

---

139) 참고, TRE Ⅷ., 전게서, 650.
140) 참고, TRE Ⅷ., 전게서, 650.

선물로 이해되며, 그 안에서 벌써 대답하는 교회(회중)의 참여가 포함되어 있는 은혜의 사건이다. 그 때문에 교회는 주님의 만찬을 축제적인 관계로 거행하게 된다. 이러한 대답은 교회가 제물의 섬김을 자비의 섬김으로 수행하는 그곳에서 특별한 성격을 견지하게 된다. 즉 주의 만찬에서 주님과의 교제뿐 아니라, 서로 영접하고 축하하는 행위가 포함된다. 참여한 자들이 떡을 먹고 잔을 마시는 것처럼, 그리스도 안에서 하나가 되는 것이다(그리스도의 연합). 이러한 하나 됨의 연합은 주님과 거룩한 영적 교통을 경험하게 되는 일이다. 특별히 구라파의 몇몇 개혁교회들에서는 주님의 만찬에 참여자들로부터 봉사제물이 드려지기도 하였다. 그것은 주님께서 마가복음10:45절에 "섬김을 받으려 함이 아니라, 섬기려 하며, 많은 사람의 대속물로 자기를 내어주려 함이니라"고 말씀한 대로, 주의 만찬에 참여한 자들도 자기를 봉사의 제물로 드림을 고백한 것으로 이해된다. 그리고 주님이 교회(회중)를 섬겨주신 것처럼, 이제 회중은 만찬을 통하여 주님의 섬김에 새로운 도전을 받고, 세상과 이웃을 섬기는 자들로 나가게 되는 것이다. 요한복음의 주님이 제자들의 발을 씻어준 사건의 이야기(요13:1-20)에서 성찬과 봉사의 이러한 예전적인 관계는 분명해 진다고 할 수 있다. 역시 다른 복음서들에서도 이러한 관계가 제기되었는데, 최후의 만찬을 마친 후에 제자들 사이에 누가 큰 자인지에 대한 논쟁이 일어났고, 예수님의 대답은 섬기는 자라는 것을 밝히고 자신이 섬기러 왔다고 한 이야기에서이다(눅22:24-27). 만일 식탁에서의 동료들이 서로를 섬기지 않는다면, 주님의 만찬의 목적은 타락시키는 것이 될 것이며, 이사야(사1:14)나 예수님의 경고(마18:21-35)를 현실화 시키는 결과에 이르고 말 것이다. 주님의 만찬의 축하 없는 섬김의 사역은 세속화의 위험에 직면하게 될 것이며, 본질적인 것을 놓치는 결과에 이를 것이다. 정통교회와 로마 가톨릭교회에서 주목되는 일로서 제사장을 위한 하나의 보조기능으로써 봉사직과 성례의 단편적인 강조는 이러한 교회들에서의 부사제(副司祭)의 직책을 약화시키게 하였다. 반대로 오늘날 구세군에서 시도되고 있는 사회봉사는 성례적인 배경 없이 사회적인 협력사역을 수용하여 시도한 일로 판단된다.[141]

8) 섬김과 신앙교리는 어떤 관계인가?

섬김의 사역은 기독인의 윤리적 행동에 관한 것이기 때문에, 윤리신학의 과제로 이해될 수도 있다. 그렇지만 신학적으로는 실천신학에 속한 과제로 이해한다. 그리고 교회의 실천적인 일들은 교리에 근본토대를 가진 것이다. 그렇지 않을 때, 실천적인 책임을 가질 이유가 없기 때문이다. 그렇다면 섬김의 사역은 교리와 어떤 관계에 있는 것인가?

섬김 사역과 교리의 관계는 '말씀의 봉사'와 '자비의 봉사'와의 관계에서 쉽게 이해될 수 있을 것이다. 말씀의 봉사는 예배 가운데서 하나님의 말씀이 전파(설교)됨을 통하여 이루어진다. 그리고 자비의 봉사는 그 말씀에 대한 응답으로써 예배 가운데서 하나님께 헌금이나, 물질을 드림으로 이루어지는 일이다. 그리고 교회는 하나님의 말씀인 복음전파를 위하여 섬김의 사역에 부름 받은 것이다. 거기서 교회는 하나님의 계명의 순종에 대한 의무를 견지하게 되는 것이다. 그것은 사랑의 이중계명에 대한 것으로, 먼저 도움이 필요한 자에게 그리스도의 사랑을 베푸는 섬김을 뜻한다.[142]

이와 같은 '섬김 사역과 교리의 관계'는 역시 복음과 율법의 관계로 바꾸어 이해해 볼 수 있을 것이다. 즉 율법과 복음은 단편적이면서, 신학적으로는 서로 구별하여 파악해야 하는 일이다. 이것은 두 가지 관점에서 이해하는 것인데, 복음은 하나님의 선물(Gabe)이며, 율법은 하나님이

---

141) 참고, 전게서, 651.
142) 참고, 전게서, 651.

요구하시는 과제(Aufgabe)라는 것과 선물은 그 자체 안에 과제를 포함한다는 것에서이다. 그리고 이러한 선물과 과제 사이의 관계에서 선물의 내용은 매우 깊은 은혜로 이해되며, 그 은혜는 실제로 죄의 용서이며, 계속적인 섬김에 대한 재수용을 뜻하는 것이다. 그것은 또한 교회의 섬김 사역에 참여를 허락하는 교회의 모든 지체들이 가지는 특권으로 이해된다. 그리고 복음의 더 큰 비중은 교회의 지체와의 만남의 방식에서 그의 이웃과 함께 드러나게 되는 것이 특이하다. 이웃을 도우도록 호소하는 사랑의 외침은 복음 가운데 이미 포함하고 있는 것이다. 그 복음은 하나님이 우리를 위하여 고난 받으신 그리스도를 회상시키기 때문에, 먼저 고난 받는 이웃을 위하여 유효한 것이 아니라, 기독인들에게 필요한 것이다. 그리고 실제로 신약성경은 돕는 자의 배후에서 파송하는 자로서 그리스도 뿐 아니라, 역시 마태복음 25장 31-46절에 소개된 대로 도움을 필요로 하는 자들의 모습에서 역시 그리스도를 보게 하고 있는 것이다. 그러므로 교회는 섬김 사역을 통하여 가난한 자들과 위협받는 자들과 고난에 처한 자들을 그들과 자신을 동일시하는 그리스도를 섬기고 있는 것이다.[143]

이러한 그리스도의 구원의 사건은 교리와의 관계에서 다시 정리해 본다면, 율법을 포함한 복음의 효력인 현재(오늘)가 생각되어야 한다. 현재는 정해졌고, 과거와 미래에서 옮겨진 일이다. 말하자면 복음은 그의 시대에 그의 장소에서 우리 때문에 이루어진 것에 관한 소식을 뜻한다. 그것은 하나님과 인간과의 관계의 역사에서 속죄와 생명과 하나님의 나라에 관하여, 하나님을 떠난 인간을 용서하는 하나님의 사랑의 실현에 관한 그리스도의 십자가와 부활의 선포인 것이다. 동시에 이러한 과거사적인 구원은 완전한 미래적인 구원인 것이다. 그것은 완전한 약속이며 완

---

143) 참고, 전게서, 651.

전한 종말론이라고 할 수 있다. 그리스도 안에서 기초되고 시작된 그 나라는 장차 온전하게 전격적으로 나타나게 될 것이다. 부활하신 그는 다시 오시게 될 것이다. 구원의 미래는 구원의 과거에 상응하는 일이며, 동시에 그 안에서 원창조의 종말론이 상응한다. 즉 창조는 새 창조에서 권리를 보장받게 될 것이다.144)

이 모든 것이 우리가 아직 죄인으로 머물러 있었을 때(롬5:8), 우리의 노력 없이 이루어졌다. 그럼에도 불구하고 그것은 우리의 협력 없이 계속 전진되어야 한다고 말할 수 있는 것이 아니다. 부활 이후에 오순절이 뒤따랐던 것처럼, 먼저 우리가 믿고, 믿음으로 살도록 구원사건은 우리에게 전파되었다. 그래서 불신앙의 궤도가 깨어졌으며, 우리는 벌써 속량 되고, 거룩해 지며, 영화롭게 되는 한 그리스도에게서 사는 것이다. 다음으로 이러한 신앙과 생명은 그에게서 우리의 삶에 작용한다는 것이 중요하며, 우리는 자유롭게 된 인간으로서 우리 주님과 이웃에 대하여 감사하는 사랑 안에 살며, 우리를 가로막는 죄를 제거하는 것이 중요하다. 이 모든 일은 성령의 은혜 가운데서 가능한 일이다. 세 번째로 우리가 다시 기쁨으로 살며, 선한 양심과 함께 감사함으로 땅에서 선한 것을 향유한다는 것이 중요하다. 그럼에도 불구하고 우리의 행동은 어디까지나 불완전하다. 우리와 다른 이들은 믿음이 작은 자들이며, 고집이 센 자들이며, 괴로움이 큰 자들이다. 그렇기 때문에 기독교는 '이미' 와 '아직' 사이의 긴장 가운데 살고 있는 것이다.145) 그리고 지상의 교회는 이러한 긴장 가운데서 그리스도의 재림을 기다리게 되는 것이다(종말론).

그러면 교회의 섬김 사역은 종말론과 관련하여 어떤 의미를 가진 것인가? 먼저 우리는 섬김의 사역은 상징적인 행위로 이해할 수 있을 것이다. 제시된 도움과 그 결과는 구원 스스로는 아니지만, 그렇다고 구원과 아

---

144) 참고, 전게서, 651.
145) 참고, 전게서, 652.

무런 관계가 없는 것이라고 할 수도 없는 것이다. 그것은 구원을 암시하는 표식이며, 그리스도 안에서 설교된 구원을 상징화한 부분이 될 것이다. 그것은 본질적으로 상징적이며, 모방적 가치를 가진 한 덩어리의 빵과 한 모금의 포도주가 아니라, 더 많이 굶주린 자들과 목마른 자들을 위한 실제적인 빵과 잔의 물을 뜻한다고 볼 수 있다. 그것들은 한 인간의 살아 있는 현 존재의 깊이에로 밀고 들어간다. 예수는 역시 사람들의 질병을 치유해 주기 때문에, 그의 사랑을 사람들에게 실제화 하게 된다. 그 안에서 사람들은 구원의 실제를 볼 수가 있는 것이다.

마찬가지로 이웃사랑의 이름으로 시행된 섬김의 사역은 그것의 비유적인 성격을 가장 강하게 보이게 될 것이다. 비록 도움을 필요로 하는 자가 그리스도인이 아니라 할지라도, 사람 사람에게 베푸는 도움이 중요한 것이다. 우리가 제시하는 도움은 우리의 사랑이 그에게 다시금 하나님의 사랑의 한 표시가 되는 동안, 그에 대한 우리의 사랑의 표식이 될 수 있다. 우리가 그에게 건네는 빵이 예수가 그것인 생명의 빵을 암시하는 것이다. 침묵하는 행위는 말씀이 되기를 원한다. 말씀에 봉사하는 이웃관계(복음전파)에서 돕는 행위는 반향이 시작될 수 있으며, 스스로 어느 정도에서 말씀이 될 수 있는 것이다. 봉사(디아코니아)를 통하여 말씀의 증거가 생산될 수도 있을 것이다. 그 어떤 성취가 형제 사랑 가운데서 이웃사랑을 발견하게 된다. 이러한 경우에 섬김(디아코니아)의 실현의 성격은 강하게 기초될 수 있을 것이다. 돕는 자와 도움을 받는 자들은 다시 서로 교회의 지체로서, 주의 만찬에서 주님과의 교제를 서로 서로 축하하는 사람들로 인식하게 될 것이다. 성례의 이웃관계에서 섬김의 사역은 구원의 실현으로써 권리를 보장 받게 될 것이다. 아무런 관계가 없는 사람들의 사랑에 대한 범주에 있어서도 섬김 사역의 상대성에 대한 강조점이 실현으로 놓여 있다. 사회적 구조의 개선이 일어나고 있는 개발도상국에 있는 사람들과 자국 내에서의 낯선 사람들에게도 섬김의 사역은 동일한 의미를 가진 것이라 할 수 있을 것이다. 구원과의 관계는 온전히 수단적이며 상대적인 것이다. 먼 곳에 있는 자들을 위한 섬김의 사역은 기도의 사역과 연관을 가질 수 있다고 본다.

제3장
한국교회, 섬김사역의 역사와 현재

한국교회의 섬김 사역의 역사는 선교초기부터 복음전파와 함께 시작되었다. 섬김 사역은 오히려 복음전도의 전제로 이해된 수단적 의미를 가진 것으로 인식하였다. 그리고 오늘날까지 한국교회는 이웃과 사회를 돕는 섬김의 사역을 복음전도와 함께 지속하고 있는 것으로 이해된다. 또한 한국교회는 각 시대마다, 국가 사회적인 경제적 위기와 관련하여 섬김의 사역을 잘 수행했던 것으로 이해된다. 필자는 여기서 초기 선교에서부터 오늘에 이르기까지 한국교회가 실천한 섬김의 사역이 어떤 이해 가운데서 시행되고 발전되었는지를 밝혀보기로 한다.

1. 한국교회와 선교초기의 섬김 사역

한국교회는 선교사들의 복음전도에 의하여 세워졌다. 복음의 황무지와 같은 곳에 1884-1885년 알렌(장로교)과 언더우드(장로교)와 아펜젤러(감리교)선교사가 입국하여 한국기독교의 선교역사를 이끌었다. 19세기

후반 선교사들이 복음을 전파하며 섬김의 사역을 실천하던 한국사회는 전통적인 불교와 유교가 종교적으로 지배하던 사회였다. 그러나 새로운 사회변화를 기다리던 환경이었다고 할 수 있다. 특별히 복음 선교에서 실천한 선교사들의 섬김의 사역은 그 당시 조선사회의 가난과 질병과 문맹의 지극히 비인간적이며, 비문화적인 삶을 새롭게 해주는 일에 크게 기여했던 것으로 판단된다.

1) 선교사들의 섬김 사역

초기 선교사들의 선교사역은 먼저 복음(말씀)전파에 집중하기 보다는 의술의 도움이나, 현대교육제도의 도입을 통하여 섬김의 사역을 전개했던 것으로 이해된다. 더 정확히 말하면 섬김 사역의 선교가 복음전파의 사역보다 먼저 이루어진 셈이다. 그것은 그 당대에 기독교 사회윤리나, 기독교적인 동기에 근거한 사회적 책임으로 이루어지기 보다는 조선사회의 복음화를 위한 준비형태로 시행되었다.

(1) 의술을 통한 선교 사역

한국에서 최초로 의료선교의 토대를 놓은 분은 1884년에 선교사로 입국한 알렌(N.Allen)이었다. 그는 의사로 선교활동을 하다가 후에 주미 한국공사관 직원으로 그 사역을 바꾸게 되었다.[146] 그리고 1884년 12월 4일 조선사회의 정치개혁을 위한 갑신정변이 발생하였고, 그 정변은 알렌과 그의 추종자들에게 한국사회에 의료행위를 확대하고, 의술선교의 토대를 놓을 수 있는 기회를 만들어 주었다.[147]

---

146) 참고, Annual Report of the Bord of Foreign Mission of the Presbyterian Church in the USA, 1891, p.135.

147) H.H.Underwood, Horace N.Allen, in:K.M.F. 29/3, Seoul 1933, 45-46.

의사 알렌은 이 당시 정변에서 심한 상처를 입고, 생명의 위험에 빠진 고종왕후의 조카인 민영익을 치료해주었고, 그 일로 왕실의 가족은 서양 의술과 알렌을 신임하게 되었다. 그리고 그는 왕실의 의사로 활동하였고, 제중원(광혜원)이란 병원을 설립할 수 있게 되었는데, 그것은 한국 최초의 서양식병원이 공식적으로 설립되는 일이었다. 이 병원에서의 의술의 봉사는 전통적인 조선의술과는 비교되지 않는 탁월한 것이었으며, 정부와의 협의 하에 가난한 환자들은 무료 진료와 약 처방으로 복음의 섬김의 정신을 보여주는 기회가 되었던 것이다.[148]

1885년 5월 3일에 스크랜톤(W.B.Scranton:1856-1922)은 의사로서 그의 아내와 어머니와 함께 인천 제물포에 도착한 후, 그는 의술선교사역을 제중원에서 알렌과 함께 본격적으로 이끌었다. 그 이후에 헤론(J.Heron)과 여자 의사로 처음 조선에 온 엘러스(A.Ellers)가 합세하여 더욱 활동적으로 의료선교가 진행되었다. 물론 스크랜톤과 알렌 사이에 발생한 잦은 충돌은 서로 독립적인 의술선교를 진행하는 결과를 초래하였다. 스크랜톤은 개인병원의 사역을 통하여 참된 기독교 복음의 사랑 안에서 가난한 자들을 더 많이 돌보는 섬김의 정신을 발휘하였던 것이다. 그는 실제로 가난한 자들을 위한 무료로 치료받는 '선한 사마리아인 병원'을 설립하기를 원했다.[149] 그러나 그의 이러한 계획은 관철되지 못했지만, 그의 집에서 운영한 개인병원은 섬김의 정신을 발휘하는 병원으로서의 특징을 가지고 있었다. 왜냐하면 이 병원의 환자들에게는 치료비와 병원비를 전적으로 무료로 돌보아주었기 때문이다.[150]

---

148) 민경배, 한국 기독교회사, Seoul 1993, 150.

149) L.G. Paik, 한국개신교사, 1832-1910, Seoul 1973, 115.

150) 참고, Seung-Youl Lee, /die Geschichte der Diakonie in den protestantischen Kirchen Koreas und Perspektiven fuer die Erneurung ihrer diakonischen Arbeit, Peterlang 1999, 스크랜톤의 개인병원은 후에 시병원으로 불려졌는데, 그 뜻은 '범세계적인 도움을 베푸는 병원'이며, 현대적으로 '디아코니-병원'으로 번역될 수 있다고 보았다. 58쪽.

스크랜튼은 이 외에도 여성들과 아이들을 돌보는 병원의 필요성을 인식하고, 여성외국선교회에 여성의사를 파송해 줄 것을 요청하였고, 그 요청에 따라 메타 하워드(M.Howard)란 의사가 1887년 10월에 한국에 왔으며, 1888년 4월에 '복구요관'(여성을 돕는 병원)이란 여성병원이 서울 정동에 있는 기존 건물 안에서 개원하게 되었다. 이 병원에서는 남성중심의 가부장적인 전통사회에서 소외되었던 여성들이 의료기술의 도움을 입을 수 있었고, 동시에 그리스도의 복음을 접할 수 있는 기회가 주어졌던 것이다.[151] 그 이후에 설립된 병원에서 의술의 계승을 위하여 의술 전수의 교육기관을 설립하게 되었다. 이러한 의술교육은 먼저 1886년 4월 제중원에서 시작되었다. 의술교육은 선교사들이 담당하였고, 언더우드 선교사는 영어와 물리, 화학 등의 과목을 한국어로 가르쳤다고 전한다. 이러한 교육에는 의사들을 돕는 보조기술을 배우는 것에서부터 환자를 돌보는 간호 기술법 등이 병행되었다. 그리고 이러한 의술은 학교교육에서 시작하여 의술 대학으로 발전하게 되었다. 특히 아비존(O.R.Avison)은 의술과 약학교수로 활동했는데, 그는 캐나다에서 풍부한 경험과 지식을 쌓았던 분으로 조선사회의 의술학문의 토대를 놓는 일에 크게 기여한 것으로 평가된다. 또한 1899년 제중원은 병원이면서, 동시에 의술교육의 장소로서 발전하게 되는데, 세브란스(L. H. Severance)의 큰 재정지원으로 서울에 최초의 의과전문대학이 설립될 수 있었다. 이러한 시설에 근거하여 연세대학의 오늘의 의과대학이 설립되는 계기가 되었다.[152]

1886-1895년에 조선 땅 전국에 콜레라 전염병이 확산되었을 때, 선교사들은 의료기술을 동원하여 전염병 퇴치를 위하여 적극적인 의료선교 활동을 전개하였다. 특별히 환자들을 돌보는 일과 전염병 퇴치를 위한

---

151) 참고, L.H.Underwood, Woman's Work in Korea, The Korean Repository Feb.1892, 62.
152) 참고, 민경배, Dr.Horace N.Allen and his Mission in Korea, 1884-1905, 212.

계몽운동을 적극적으로 전개하였다. 이 당시 콜레라로 인하여 서울에서만 7,000명이 사망하였는데, 선교사 알렌과 헤론, 스크랜톤, 엘러스 온더우드, 아펜젤러, 아비존 등은 교파를 초월하여 연합으로 환자 돌봄과 치료와 사망자 처리와 가족위로와 계몽하는 일에 함께 앞장섰던 것이다. 심지어 프랑스 출신 가톨릭 신부들도 이 작업에 참여하게 되었는데, 의사 알렌의 요청으로 이루어진 것으로 알려져 있다. 이러한 모습은 조선사회의 백성들의 고통과 고난에 참여한 일은 한국교회의 역사에서 최초로 보여준 교회연합적인 차원에서 이루어진 교회의 섬김 사역의 모습이었다고 할 것이다.[153] 그리고 이 당시 선교사들의 한국백성들을 섬겨준 모습은 그야말로 예수 그리스도의 복음의 정신을 잘 보여준 사건이었다. 그들의 희생적이며, 헌신적인 봉사는 조선정부로부터 감사와 함께 그들의 사역과 활동이 인정을 받는 계기가 되었던 것이다. 또한 한국 사람들은 기독교의 돕는 사랑의 신앙과 선교사들의 희생적인 섬김에서 십자가의 사랑을 경험할 수 있었던 것이다.[154]

이와 같은 의술선교는 역시 그 당시 조선사회를 개혁하는 일에 큰 역할을 하게 되었는데, 첫째, 그 당시 샤마니즘의 영향으로 대부분의 사람들은 악마들이 질병을 일으키는 원인으로 믿고 있었다. 이러한 상황에서 의술선교는 사회에 뿌리 깊게 내려져 있는 미신적인 신앙을 흔들어 놓게 된 것이다. 둘째, 의술선교는 사회적 신분고하를 막론하고 모든 사람들에게 동등하게 질병을 다루어 주고 있기 때문에 백성들의 소속감을 형성하는 일에 크게 기여하게 되었다. 셋째, 의술선교는 기독교의 인간화와 자신을 희생하는 기독교적인 사랑을 실제화 하는 일이었다. 특히 콜레라가 창궐하여 전 국민을 위협하고 있을 때, 그에 대항하여 노력한 의술선교의 헌신적인 사랑은 온 국민들에게 큰 감동을 주었던 것이다. 넷째, 의

---

153) 참고, 민경배, 217.
154) 참고, S.Y.Lee, 전게서, 61.

술선교는 현대적이며, 과학적인 의술지식으로 조선사회가 구미사회를 향하여 문을 열게 하는 역할을 하게 된 것이다. 다섯째, 의술선교의 성차별하지 않는 태도는 여성의 사회적 참여에 새로운 동기를 부여했다.[155]

그러나 그 당시 한국에 있던 장로교 선교부는 복음전파에 있어서 의술선교를 주된 목적으로 보지 않고 부수적인 일로 여겼으며, 후에 의술선교의 지원을 포기하게 하였던 것이다. 그것은 의술선교를 복음전파의 시녀정도로 인식하였지 주된 사역의 도구로 인정하지 않았던 시각의 결과라 할 것이다. 이러한 섬김 사역에 대한 인식은 후기 한국개신교의 발전에 부정적인 특징으로 나타나게 되는데, 그것은 한국교회로 하여금 섬김사역의 가치에 대한 매우 부정적인 의식을 형성하는데 일조하였기 때문이다.[156] 이러한 선교전략은 아마도 한국교회가 60-70년대에 이르러 케리그마(복음전파)와 디아코니아(섬김의 사역)를 분리시키고, 교회의 주된 과제에서 외면하는 결과를 초래하게 된 것으로 이해한다.

(2) 교육을 통한 선교사역

선교사들의 활동은 교회와 병원의 설립을 통하여 복음을 전파하는 일 외에도 학교를 설립하여 자녀들에게 새로운 교육과 학문을 전수하는 일에 기여함으로써 한국사회의 국민을 일깨우고, 사회의 지도자를 양성하는 일에 크게 기여하는 섬김의 사역을 실천하였던 것이다. 그러한 교육선교는 곧 기독교의 복음을 다음세대에게 전하는 훌륭한 교육차원에서 이루어지는 선교방식이었으며, 동시에 조선사회를 개화하고 새로운 국가발전을 이끌게 하는 섬김의 사역이었다.

먼저 감리교회의 선교사 아펜젤러는 1885년 6월에 정동에서 두 학생에게 서구식 교육을 시행하였고, 이것이 근거가 되어 1887년에 배재학당

---

155) 참고, 전게서, 62.
156) 참고, 김한욱, 기독교사회봉사와 신학, 실천신학연구소,2006,390-391.

을 설립하게 된다. 이 학교의 교육목표는 그리스도 복음의 정신을 길러 교양과 지식을 가진 현대 조선사회의 지도적인 시민을 양성하는 일이었다.157) 그리고 스크랜톤 선교사의 부인인 매리 플레쳐 스크랜톤(M. F. Scranton)은 1886년 이화학당을 설립하여 이 땅에 최초의 여성교육기관을 운영하게 되었다. 그리고 미국의 여성외국선교부의 재정지원을 통하여 후에 이화 중.고등교가 설립되었고, 여성대학까지 설립하게 된다.158)

역시 장로교 선교사인 언드우드(H.G.Underwood)는 교육선교사역으로 먼저 1886년 5월에 고아원을 설립하고 그 고아원을 통하여 아이들에게 교육을 하게 된다. 이 일은 가난한 백성들의 아이들과 고아들을 데려다가 직업학교에서 기술을 배우게 하였고, 언드우드 학당이라고 부르게 되었다.159)

그 이래로 한국에는 선교사들에 의하여 수많은 학교들이 세워지게 되었는데, 1887년 6월에 엘러즈 선교사 의하여 시작된 정동여학당이 있었으며, 배제학당은 출세지향적인 남성들에 의하여 처음부터 활기차게 시작된 남성중심의 학교라면, 이 학교는 고아들이거나, 과부나 첩 등의 소외된 계층의 자녀들을 가르치는 학교였다. 그리고 1905년에 경신학당이 설립되었다.

이와 같이 교육기관을 설립하여 복음을 전하는 선교활동은 전국 각 지역으로 확산되어 갔는데, 그 통계를 보면 다음과 같다. 평양에서는 1897년에 숭실학교가 설립되었고, 1903년에는 숭의여학교가, 1894년에 광성학교가, 1899년에 정의학교가 설립 운영되었다. 선천지역에서는 1906년 신성학교가 설립되었고, 1907년에 보성여학교가 설립되었다. 대구지역에서는 계성학교와 신명여학교가 설립되었다. 재령에 명신학교가 1898년

---

157) 참고, M.Y.Lee, Appenzeller, 215, 325, 331.
158) 참고, S.Y.Lee, 전게서, 66.
159) 참고, 한국기독교의 역사(1), 한국기독교역사연구소, 2005,197.

에, 강계에 영실학교가 1908년에 인천에서는 영화여학교가 1892년에 설립되었다. 공주지역에서는 영명학교와 영명여학교가 각각 1905년, 1907년에 설립되었다. 이천에서는 양정여학교가 1904년에 설립되었으며, 수원에서는 1903년 삼일학교와 1907년에 매향여학교가 설립되었다. 그리고 전주지역에서는 신흥학교가 1900년에 설립되고, 1902년에 기전여학교가 설립되었다. 광주지역에서는 숭일학교가 1907년에, 수피아여학교가 1908년에 설립되었다. 군산지역에서는 1901년 영명학교와 1901년에 멜볼단 여학교가 설립되었다. 목포지역에서는 1903년 영흔학교와 1902년 정명여학교가 설립되었다. 순천에는 매산학교가 1913년에 설립되었다. 함흥에서는 1907년 영생학교가, 1903년에 영생여학교가 설립되었다. 성진에서는 보신학교와 보신여학교가 설립되었고, 원산에서는 보광학교가, 1903년에 루씨여학교가 설립되었다. 개성지역에서는 1906년 한영서원이, 1904년 호수돈여학교와 1906년 미리암여학교가 설립되었다. 부산에서는 1892년 일신여학교가 설립되었으며, 마산에서는 1906년 창신학교와 1913년 의신여학교가 설립되었다.160) 그리고 이러한 교육선교사역은 '사회의 가난하고 어려운 자들을 돌보는 사역'(Wohlfartspflege)과 연결되었는데, 앞서 언드우드에게서 시작된 고아원 설립운영과 그들의 교육에서 그 모범을 보였으며, 계속적으로 선교사들에 의하여 유치원과 신체장애자들을 돌보는 사역은 병행되었다.161) 이러한 선교사들에 의하여 설립 운영된 기독교학교들과 유치원과 장애인들을 돌보는 일들은 한국을 복음화하는 중요한 도구였으며, 동시에 한국민족과 한국사회를 개화하는데 크게 기여한 교회의 섬김의 사역이었던 것이다.

---

160) 참고, 이만열, 한국기독교문화운동사, 대한기독교출판사, 1987, 190-198쪽.
161) 참고, 민경배, 99.

2) 요약

한국교회는 이와 같이 복음 선교사역에 있어서 복음의 직접적인 전파의 방식인 케리그마에 의존하는 것보다는 복음의 간접적인 전파방법으로 볼 수 있는 섬김의 사역에 의존함으로써 복음의 직접적인 전파가 가능해지는 환경을 잘 만들어 갔으며, 한국교회가 후에 크게 부흥하고, 한국사회에 그리스도의 복음을 전하여 기독인들을 교회로 인도하는 일에 크게 기여했던 것으로 이해된다. 그러나 섬김의 사역은 한국교회에서 복음전도(전파)에 중요한 도구적 의미 이상을 인식하지 못하는 경향에 빠지게 되었는데, 그 가장 근본적인 이유는 선교사들이 네비우스가 제시한 선교원리를 지나치게 한국교회에 주입한 결과이며, 한국교회는 그것을 반성 없이 추종한 결과 그리스도 복음의 본질에 대한 올바른 이해를 갖지 못한 것에 있었다는 것을 생각하게 된다. 역시 네비우스 선교정책의 문제점과 그 원칙의 적용에 따른 한국교회의 문제점을 지적한 평가는 역시 스코트의 글에서 쉽게 확인된다.[162]

---

[162] 참고, W.Scott, Canadiens in Korea, p.43. 그는 네비우스의 선교원칙에 따라 "자주치리를 지나치게 강조한 결과로 교회 안에 계급조직이 생겨나게 되었는데, 이 조직은 종종 교만한 임원진에 의해 좌우되었다. 교회조직과 예배를 지나치게 강조한 결과 교회가 그리스도인 공동체와는 별개의 공동체가 되어 사회적 문제에 관심을 두지 않는 경향으로 흘렀다. 자급운영을 지나치게 강조한 것이 교회재정은 교회조직을 운영하는데만 필요한 것으로 인식되어 사회복지 같은 것을 위해 재정을 쓰는 것은 거의 생각지도 못했다". 참고, 한국기독교의 역사(1), 한국기독교사 연구회, 2005, 225쪽에서 재인용.

2. 일제의 식민지 시대의 섬김 사역

1) 시대적 배경

19세기 말경 조선은 봉건주의 사회에서 국제적인 관계에 위치한 현대적인 국가로의 전환기에 이르게 되었다. 그러나 조선은 세계열강들의 제국주의적인 영역에 흡수될 위험에 처하게 되었다. 특히 아시아 지역맹주들인 일본과 중국, 러시아 제국들의 패권다툼에 휩싸이게 된다. 이 기간에 봉건주의와 가톨릭주의(서학), 그리고 일본의 제국주의에 대항하는 동학운동이 발생하게 된다. 그리고 동학운동은 천도교의 추종자들에 의하여 동학혁명이란 이름으로 농민반란을 일으키게 된다. 일본군이 동학혁명을 진압한 이후 조선을 침략하게 되는데, 먼저 일본은 청국과의 전쟁(1894-1895)을 통하여, 그리고 러시아와의 전쟁(1904-1905)을 통하여 각각 승리함으로 아시아의 패권제국이 되었다. 또한 일본과 미국사이에는 카프라 테프트 조약을 맺게 되는데, 그 내용은 미국정부가 러시아정치권력의 남쪽으로의 확장을 막기 위해 일본에게 조선 식민지화를 묵인하는 것이었고, 일본은 미국이 태평양지역에서 필리핀지역까지의 진출을 묵인하는 일이었다. 그것은 일본이 조선의 식민지화를 합법화는 근거였다.163) 그리고 이러한 일제의 조선식민지 정책이 실천되는 기간에 한국교회는 크게 부흥하는 계기를 마련하게 된다. 이러한 부흥을 주도하게 된 한국 초대교회의 인물이 길선주 목사였다. 그는 그리스도의 부흥운동을 통하여 복음전도와 섬김의 사역을 실제로 새롭게 주도한 한국교회의 최초의 인물이라고 할 수 있을 것이다.

---

163) 참고, 한우근, 한국통사, 서울 1976, 508.

2) 길선주의 복음선교와 섬김 사역

1907년 한국교회는 대부흥의 역사를 경험하게 되는데, 그 부흥을 주도한 인물은 길선주 목사로 알려져 있다. 그는 1901년에 시작된 평양장로회신학교에 1903년에 입학하였고, 1907년에 졸업한 7명의 신학생들과 함께 한국장로교회의 최초로 목사로 안수를 받았다. 그리고 그는 역시 복음전도와 부흥운동에 기여했을 뿐 아니라, 역시 교회의 섬김 사역에도 크게 기여하였던 것으로 판단된다.[164]

그러면 길선주의 섬김 사역의 실제는 어떤 것이었던가? 대체로 그의 섬김의 사역은 먼저 개 교회에서 성도들의 영혼 돌봄의 관점에서 이루어진 것으로 이해된다. 그리고 그가 인식한 복음사역의 중요성은 먼저 그리스도의 복음이 전파되는 일이면서, 동시에 시민적인 수준이 더 높게 상승되도록 돕는 것에 있었다고 본다.[165] 즉 그의 신학은 장로교 선교사들이 가르쳐 준 대로 복음적이며, 경건 주의적이며, 칼빈 주의적인 토대 위에 분명히 서 있었으며, 그러나 애국심과 이웃사랑의 책임을 일깨우는 그리스도 복음의 실천지향점은 그에게서 계속적인 교회발전의 연결을 위한 출발점으로 시도되었다.[166] 물론 길선주는 현대적으로 말할 만한 섬김의 신학과 이론을 전제한 섬김의 실천을 보여준 것은 아니었다. 그러나 그의 목회사역의 전체를 종합할 때, 그리고 그의 설교에서 강조되고 있는 것을 종합할 때, 우리는 그러한 그의 복음적 이해를 얻을 수 있으며, 분명히 하나의 역사적 근거로서 복음증거와 섬김의 사역을 병행하였던 목회적인 모범의 흔적을 확인할 수 있다고 본다. 그리고 길선주의

---

[164] 참고, S.Y.Lee, 전게서, 그는 박사학위논문에서 길선주의 복음전도와 한국교회의 부흥운동에 기여한 면과 특히 그의 디아코니아 사역에 대하여 잘 소개하였는데, 그 내용은 중요한 자료가 되었다.

[165] 참고, 전게서, 109.

[166] 참고, 전게서, 109.

목회사역은 그리스도 복음의 인류를 구원하시는 하나님사랑의 관점, 즉 섬김의 관점에서 복음증거와 사랑의 실천이 병행되었음을 느낄 수 있을 것이다.

이러한 길선주의 의도를 새롭게 이해하도록 해석해 주고 있는 이성열의 논문은 다음과 같이 평가하고 있다. "길(선주)의 섬김 사역의 발단은 모든 그의 영혼의 돌봄과 믿는 자들의 국가적인 관념과 행위들에 뿌리를 두고 있다. 백성들의 복음화와 교회설립의 동기는 이웃에 대한 기독교의 사랑에 근거된 그의 백성에게로 향한 길(선주)의 사랑에서 기인되었다. 그의 섬김 사역의 출발은 복음화작업에서, 교육사역에서, 새로운 국민운동으로서 백성들의 계몽운동에서, 사회개혁운동과 해방운동에서 그리고 청소년운동과 도움을 필요로 하는 자들에 대한 자비의 배려에서 그렇게 표현되었다."[167] 물론 이성열은 길선주의 목회사역에서 복음증거와 디아코니아의 중요성이 함께 강조되고 있으며, 양자를 병행하는 그러한 의도가 그의 설교에서 포함되어 있었다 할지라도, 그 후 계속되는 전국을 휩쓸면서 이끌었던 부흥회의 인도들에서는 섬김의 사역을 복음전파와 대등한 관계로 인식한 것은 분명하지 않다고 할 것이다.[168] 그리고 이 당시 일본의 조선침략이 기정사실화 되어가는 정치적인 변화를 선교사들은 직시하고 있었고, 평양대부흥운동은 더 이상 정치적인 희망이 사라진 한국백성들에게 그리스도의 복음을 더 강력히 전파함으로써 그 복음의 능력 안에서 삶의 가능성과 미래의 길을 찾도록 하는 영적인 구원에 집중하게 되었던 것으로 이해된다. 그러나 그러한 영적인 부흥운동은 상대적으로 인간과 사회와 국가의 정치문제에 대해서는 눈과 의식을 가리는 결과를 초래하게 되었으며, 동시에 섬김의 사역 또한, 극히 제한적이며 교회내적인 모습으로 한정되는 결과를 초래한 것으로 이해된다.

---

167) 참고, 전게서, 133.
168) 참고, 전게서, 109-151.

하지만 역시 일제의 식민지 통치하에 들어간 국가상황에서 교회의 섬김은 별다른 행동을 보이지 못하다가 3.1 독립운동이 전개되면서 활발한 움직임을 보이게 되었다. 그것은 독립선언이 33인의 이름으로 발표되면서 한국기독교의 지도자들과 평신도들은 우리 민족과 국가의 독립에 헌신하는 기독교 섬김에 새로운 인식을 가지는 계기가 되었다. 특히 길선주목사는 15명의 동료 목사들과 함께 독립선언문 발표에 서명하고, 참여하게 되었다. 이것은 길목사의 신학이 근본적으로 복음선포와 교회의 설립에 있었지만, 조선국민의 정치적 고난에 동참과 해방을 위한 정치적인 사역에 깊은 관심을 표명한 일로 판단된다.

3. 8.15해방 이후 근대화과정에서의 섬김 사역

1) 시대적 배경

1945년 8월 15일은 일본이 제 2차 세계대전에서 패망한 날이며, 동시에 한국민족에게는 일제의 통치에서 해방된 날이었다. 그러나 이러한 해방은 통일된 국가를 이루지 못하고, 남과 북이 서로 갈라지는 분단의 비극을 맞이하게 되었다. 남북분단은 마침내 1950년 6월 25일 동족상잔의 비극적 상황에 처하게 되었는데, 3년간의 전쟁을 치룬 후, 현재까지 남북한은 휴전상태에 머물게 되었다.

해방 후, 대한민국은 새롭게 발전을 꾀하는 시기였으며, 지난 60년대 제 3공화국이 추진한 산업사회의 건설로 경제발전의 토대를 놓게 되었고, 오늘의 발전된 국가를 이룩하게 되었다고 생각된다. 그리고 공산주의 이념을 표방한 북한은 아직도 국가로서의 정상적인 발전을 이루지 못하고 있으며, 세계에서 가장 살기 어렵고 힘든 빈국으로 추락한 모습이라고 할 수 있다. 이러한 분단 상황에서도 종교의 자유가 보장 된 대한민국에서 한국교회는 우리 민족에게 부단히 복음전파를 힘썼고, 동시에 섬김(디아코니아)의 사역을 실천했던 것으로 판단된다. 유감스럽게도 하나의 결속된 한국교회를 형성하지 못하고, 여러 교파(교단)로 분열된 모습을 보인 것은 참으로 안타까운 일이라 할 것이다.

이 기간의 한국교회의 복음전파와 섬김 사역의 실제를 상세히 살펴보기로 한다.

2) 한국교회의 복음전파와 섬김 사역

한국교회는 복음전도의 사명에 충실할 뿐 아니라, 이웃을 사랑하라고 하신 주님의 계명에 충실한 교회였다. 일제의 통치로 인하여 맺힌 민족적인 한을 위로하고 그 상처를 치유하는 일에 그리스도의 복음은 위로요, 새로운 희망의 소리였다. 특히 하나님이 이 민족과 함께 하셨던 일의 가장 큰 상징으로 이해되는 평양대부흥운동의 역사적 경험은 이제 곳곳에서 하나님의 말씀을 증거하며, 그리스도의 복음을 전파하는 부흥운동으로 나타나게 되었고, 동시에 한국교회는 가난한 이웃을 돌보고, 질병으로 고통 받는 자들을 위한 하나님의 능력으로 치유하는 은사운동이 활발하게 교회를 통하여 실천되기도 하였다.

이러한 섬김의 사역을 가장 모범적으로 보여준 많은 교회들 가운데 여기서는 한국교회에서 가장 대표적인 교회라 할 수 있는 영락교회를 중심으로 소개해 보려고 한다. 영락교회는 한경직 목사가 설립했고, 그는 일생을 그 교회의 목회사역에 헌신하였다. 영락교회의 섬김의 사역은 결국 한경직 목사가 실천했던 신학과 목회라고 할 것이다. 여기서 우리는 한경직 목사의 신학을 중심으로 섬김의 사역이 어떤 모습으로 실천되었는지를 살펴보려는 것이다.

(1) 영락교회와 한경직 목사

한경직 목사(1902-1992)는 미국 프린스톤에서 신학을 공부하고, 귀국하여 먼저 평양숭실학교에서 영어와 종교를 가르치는 교사로 활동하였다. 그 후 숭실대학에서 교수로 부름을 받았지만, 그는 북한의 신의주 제2교회에 목회자로 청빙 받고, 목사로 안수를 받았다. 그는 그곳에서 목회자로 활동하다가 1945년 10월 서울로 이주하게 되었다. 그리고 1945년 12월 2일 베다니 전도교회를 설립하여 서울에서 목회자로서의 활동을 시작하였다. 그리고 베다니 전도교회는 북한에서 남한으로 넘어온 많은 사람들로 구성되었다. 이 교회는 기독인의 공동체일 뿐 아니라, 북한에서 남하하여 온 사람들의 만남의 장이었으며, 서로 위로하고 격려하는 장이되었다.[169] 여기서 한경직 목사는 영혼 돌봄의 사역과 섬김의 사역이 복음의 본질임을 인식하게 되었다. 그는 이곳에 모여오는 수많은 사람들에게 예배에서 주님의 복음의 말씀으로 설교할 뿐 아니라, 의복과 음식을 나누었고, 그들에게 거주지를 찾게 하고, 삶의 용기와 희망을 불어넣는 복음전도를 실천했던 것이다. 그야말로 복음전파와 섬김의 사역이 함께 병행되는 목회사역을 수행하였던 것이다. 그리고 1946년에 이 교회는 이름을 영락교회로 바꾸게 되었다. 또한 1949년 3월에는 벌써 이 교회에 속한 기독인 지체들이 6,000명에 이르게 되었다.[170]

(2) 영락교회의 섬김의 사역

대한민국은 1950년 6월 25일, 북한의 남한침공으로 동족상잔의 비극

---

[169] 참고, S.Y.Lee, 전게서, 177.
[170] 참고, S.Y.Lee, 전게서, 178.

적인 소용돌이에 빠지게 되었다. 이때 영락교회의 담임목사인 한경직은 전쟁으로 인하여 북한에서 남한으로 피난 온 수많은 사람들을 돌보는 섬김의 사역을 실천하게 된다. 특별히 전쟁고아들과 전쟁으로 인한 미망인들을 돌보는 사역을 적극적으로 전개하였다. 이와 같이 영락교회는 그 어느 교회보다도 섬김사역의 모범을 보인 교회라고 할 수 있을 것이다. 물론 근본적으로 한경직 목사는 교회의 선교적 사명과 과제가 무엇인지를 잘 알고 있었다. 그것은 그리스도의 복음을 전 국민들에게 전파하는 복음화의 과제이며, 성장세대를 위한 교육기관을 설립하여 복음교육을 힘쓰는 일이며, 이웃사랑을 실천하는 섬김의 사역 등이었다.[171] 한 목사는 영락교회를 통하여 이러한 사역을 성실히 실천해 갔다고 볼 수 있다. 그는 먼저 민족복음화를 위하여 힘썼으며, 그 자신이 세계적인 설교가로 활동하였다.[172] 그리고 그는 기독교교육사역에도 크게 공헌하였다. 교회내적인 신앙교육뿐 아니라, 교회 밖에서도 기독교학교들을 설립하여 운영하고 지원하였다.[173] 또한 교회의 복지사역에도 크게 공헌하였다. 영락교회는 교회가 설립한 여러 복지시설들이 있는데, 고아원, 어머니집, 양노원, 양노요양시설, 장애인의 집, 유치원, 유아원, 방과 후 아이들을 돌보는 집 등이 있다.[174]

영락교회가 이러한 섬김의 사역을 실천하고 그 모범을 보여 준 것은 바로 한경직 목사의 신학사상과 리더십이 큰 영향을 미친 것으로 판단된다. 그의 신학적인 근본사상은 복음의미와 청교도적인 신앙과 교회연합의 정신과 실제적인 사회봉사로 요약된다.[175] 그리고 그의 이러한 신학

---

171) 참고, 전게서, 182.
172) 참고, 전게서, 181-186.
173) 참고, 전게서, 187-190, 영락교회가 설립한 학교들은 대광중고등학교, 영락 중학교, 영락상업학고, 여성을 위한 보성중고등학교, 영락 여자신학교 등이 있는 것으로 알려졌다.
174) 참고, 전게서, 190-195.
175) 참고, 전게서, 196.

적인 관점들은 50-60년대에 한국교회가 극심한 신학논쟁으로 인하여 자유주위와 보수주의 교회로 분리되는 혼란 가운데서도, 여러 이단종파들이 다른 복음의 가르침으로 한국교회를 위협하는 진리혼돈의 상황에서도 우리 국민들이 그리스도의 복음에서 진리를 찾고, 위로와 안정을 얻으며, 궁극적으로 그리스도가 명하신 복음선교의 사명을 잘 수행할 수 있었던 근거라고 판단한다. 물론 한국교회가 WCC와의 관계에 대한 신학적 논쟁이 발생할 때 진리에 대한 보수적 입장을 취하기 보다는 자유적 입장을 선호했던 것으로 여겨진다.

4. 산업화과정과 한국교회의 섬김 사역

1) 시대적 배경

1960-1987년까지의 이 기간은 한국역사에 있어서 가장 중요한 시기였다고 할 수 있다. 그것은 한국사회가 정치적이며 사회적인 변화를 가장 많이 겪었기 때문이다. 정치적으로는 4.19혁명과 5.16군사혁명을 거치면서 강력한 군사력이 동원된 제 3공화국의 독재정치를 구현하는 정부가 등장한 시기였고, 그러한 형태는 1987년 6월 민주화실천선언이 나오기까지 계속되었던 것이다. 그리고 이 기간은 경제적으로 산업화사회의 건설이 추진되었고, 긍정적으로는 강력한 경제 선진국으로의 발전과 변화를 이끌었던 시기였다. 또한 이 기간에 우리 국민은 빈익빈 부익부의 극한 대립을 경험하는 기간이었으며, 가난에 대항하는 경제부흥운동과 독재정치에 대항하는 민주화운동은 수많은 희생자를 감수해야하는 결과를 초래하게 되었다. 이와 더불어 대체로 보수적인 신학을 지향한 한국

교회는 크게 수적으로 성장하는 교회의 부흥을 경험하게 되었다. 물론 이러한 성과를 경험하게 된 것은 한국교회가 그동안 그리스도의 복음전파를 위하여 심혈을 기울인 결과라고 할 것이다.

2) 한국교회의 상황과 신학논쟁

한국교회는 수적으로 급성장을 경험하는 시기이면서 동시에 많은 혼란을 경험하는 시기이기도 하였다. 그것은 한국교회가 여러 교파로 분열하는 교단분열의 아픔 또한 경험한 시기였다. 벌써 한국장로교회 내에서는 50년대 중반에 성경관을 중심한 자유주의 신학과 보수적인 신학의 논쟁이 있었고, 기독교장로회(기장측)과 예수교장로회(예장측)이 분리되었다. 그리고 60년대 초에 또한 예장측은 합동파와 통합파로 분리되었다. 1945년 해방과 함께 독자적 교단을 형성하고 있었던 예장내의 고신측은 1960년대 초에 합동측과 통합하였으나, 곧 환원하여 분리되었다. 이러한 교회분열의 와중에서도 보수적인 신학을 지향하는 교회들은 한국국민을 향한 복음전도운동을 강력히 전개하였고, 그러한 노력으로 많은 사람들이 교회로 돌아오는 결과를 얻게 되었던 것이다.

한국교회는 아직 독자적인 자기의 신학을 갖지 못한 상태에서 구미교회로부터 전해지는 수많은 신학사조들로 인하여 혼란을 겪기도 하였다. 대체로 자유주의 신학의 방향에 서 있는 교회와 신학교들은 이러한 구미지역에서 생산되는 신학사상을 한국교회에 수입하여 교회의 신앙에 많은 혼란을 야기하기도 하였다. 특이한 것은 자유주의 신학을 지향하는 그룹은 우리 사회의 정치와 경제제도에서 파생하는 많은 문제들에 대하여 깊은 관심을 가지며, 사회구조적이며, 정치제도적인 문제들의 개선에서 섬김사역(디아코니아)의 의미를 찾고 확대하는 반면, 보수주의 신학을 지향하는 교회들은 그리스도의 복음을 전 국민들에게 전파하는 전도

사역에 열중하여 상대적으로 섬김사역의 의의를 구체화하고 실현하는 일에 큰 관심을 보이지 못했다고 볼 수 있다. 특별히 자유주위 신학을 주도하는 신학자들은 지난 70년대에 남미의 가톨릭신학자들에게서 생겨난 소위 해방신학을 도입하여 한국사회의 정치 경제구조의 모순에 대항하여 투쟁하는 정치적인 섬김신학을 제공하기도 하였다. 그리고 후에 80년대로 오면서 소위 '민중신학'을 만들어 역시 산업사회의 발전과 독재주의와 민주화운동의 정치신학을 대변하였던 것이다. 또한 착취와 인권유린과 관련된 우리 사회의 여러 정치사회구조적인 문제들의 개선에 기독교복음의 영향을 미치는 긍정적인 모습을 보여주기도 하였다.

그러나 한국교회의 보수적인 교회와 자유주의적인 교회들은 복음전도와 섬김 사역의 과제실현에 있어서 서로의 강점과 약점을 들어내게 되었다고 여겨지는데, 자유주의 교회는 섬김의 이해에 있어서 인간의 고난에 대하여 그리스도 복음의 개인적인 접근보다는 사회구조적이며 정치적인 투쟁방식의 접근을 마다하지 않고 주도했던 것이 장점으로 보이긴 하지만, 역시 인간의 영혼을 향한 그리스도 복음의 개인적인 접근이 상대적으로 약화되어 교회의 수적 성장에는 별다른 성과를 경험하지 못한 문제를 안게 되었다. 오히려 그리스도복음의 깊이에 충실한 섬김의 사역이기보다는 복음의 본질적인 정체성을 외면한 채, 휴매니즘적인 단순성에 근거하여 인간의 돌봄인 섬김의 사역을 지나치게 정치적으로 접근했던 모습이라고 할 것이다. 그리고 그리스도의 복음적인 종말론에 근거하여 행동하는 섬김의 모습이기보다는 인간의 사회적 책임을 지나치게 의식한 나머지, 그리스도인의 적극적인 행동을 요구하는 민중신학이 보여준 정치신학은 문제라고 할 수 있다. 특별히 민중과 그리스도를 지나치게 일치시켜 해석한 기독론과 구원론은 역시 신학적인 문제를 가진 것으로 판단된다.

이러한 관점들에 비하여 상대적으로 보수주의적인 교회들은 실제로 복음의 사회구조적이며 정치적인 윤리적 책임으로서의 섬김의 본질은 외면한 채, 오직 개인적 접근인 복음전도를 통하여 영혼구원이란 단순 논리에서 교회의 수적전도만을 지향하는 모습에서 교회가 드러내야 할 복음의 실천인 사랑의 섬김의 모습은 분명하지 못했던 것으로 여겨진다. 특히 산업사회의 환경에서 구조적이며 제도적인 문제와 관련하여 섬김의 실천에 대한 적극성의 결여는 문제점이라고 할 수 있다. 그리고 실제로 복음전파와 섬김 사역의 관계를 이원화시키거나, 분리시켜 언제나 복음전파가 우선적인 과제이며, 형제의 고난을 돌보는 사랑의 실천은 외면되는 문제를 지니게 되었다고 본다.

3) 한국교회의 섬김 사역

산업사회건설과 경제부흥정책의 과정에서 파생된 여러 인간과 사회구조의 문제들에 대하여 어떻게 대처하면서 디아코니아의 사역을 이끌게 되었는지, 그 구체적인 사역의 모범들을 중심으로 소개해 보기로 한다. 물론 한국교회의 복음전파와 섬김사역의 과제실현에 대한 신학적 이해가 보수적인 교회와 자유주의적인 교회 사이에 차이가 전제되어 있었음에도 불구하고, 섬김 사역에 중심을 가진 전도활동과 봉사활동이 목회자 개인이나, 또는 개별적인 선교단체를 통하여 이루어졌으며, 섬김의 사역이 활발하게 전개된 시기였다.

(1) 도시산업선교회의 활동

노동자들을 위한 사회적 책임을 전제하여 1957년 전덕기 목사와 상동감리교회가 시민을 위한 사회적 책임이란 단체를 설립하면서 시작되었다. 이러한 일은 이미 구미사회에서 1930년대에 실천되었던 기독교선교 활동의 하나였다.

도시산업선교회의 과제는 그리스도의 복음을 노동현장에 예배와 성경공부와 상담과 방문하는 일과 체육대회, 의술의 봉사 등을 실천하는데 두었으며, 기독인의 친교모임의 조직과 산업영역에서 기독교의 소식들을 나누는 일을 통하여 확대해 갔다. 한편 한국교회의 보수적인 전통에서 기업가들이 환영하는 산업현장의 복음화를 힘쓰는 일이며, 다른 한편 노동자들에게 사회윤리의 도전과 노동관계에서의 더 많은 공의가 실현되도록 기대를 일깨우는 일이었다.[176]

그러나 60년대 후반에 이르면서 산업선교회는 노동자들의 문제와 관심에 더 의무화되어 있었다. 즉 그리스도 복음의 전파에 대한 관심보다는 노동자들의 노동조건의 악화를 개선하는 일에 협력하는 것이 그 사역의 중심이었다. 이 선교단체는 노동자단체를 조직하고, 노동자들의 교육프로그램과 함께 노동자들을 지도하는 일을 시작하였다. 그리고 도시산업선교회의 운동은 기독교적인 사랑의 실현은 압력관계의 조직적인 투쟁 없이는 불가능하다는 것을 알게 되었다.[177] 또한 도시산업선교회는 점점 노동자들의 인권과 권익을 대변하는 역할을 하였고, 70년대에 이르러 유신체제하에서 강한 억압을 받기도 하였다. 그 때문에 정치적인 압력에 강하게 대항하는 모습을 보였고, 또한 선교회의 동역자들이 구금되거나, 감옥에 갇히기도 했다. 정부와 기업인단체는 도시산업선교회를 공산주의자들로 몰아붙이기도 하였다.[178] 70년대 말 도시산업선교회는 기독교 노동운동으로서 노동자인권을 위하여, 노조설립을 위하여, 사회의 민주화운동에 개입하였고, 80년대의 학생운동에 영향을 미쳤다. 그러나 1987년 6월 민주화 선언이 있은 이후에 도시산업선교회는 영향력을 잃어버리게 되었으며, 보수적인 교회로부터 지지를 얻지 못했다. 그럼에도

---

[176] 참고, 전게서, 223.
[177] 참고, 전게서, 223.
[178] 참고, 전게서, 224.

불구하고 이 단체는 노동자단체에 대한 복음의 이웃사랑을 보이는 일에 크게 작용한 것으로 판단된다.[179]

(2) 도시빈민선교회

도시빈민선교회는 도시의 가난한자들을 위한 선교회로 시작되었다. 이 선교회는 1971년 9월에 수도권도시선교위원회가 구성되었고, 거기서 가난한자들의 선교를 위한 독립된 기구로서 설립되었다. 그리고 이 선교회는 매일의 생활비를 얻지 못하는 도시빈민들을 도울 목적으로 '가난한 자들도 역시 시민이요, 하나님의 자녀들이다' 라는 주제를 가지고, 삶의 조건과 자의식과 가난한 자들의 주민문화의 본질적인 변화를 겨냥하였다.[180] 이 선교회의 활동은 지난 유신정치체제에서 많은 압력을 받게 되었는데, 그 이유는 도시산업선교회와 함께 공동으로 활동하였고, 노동자들의 인권과 권익을 대변하는 역할 때문에, 제도적이며, 구조적인 개혁의 부르짖음으로 인하여 정치적인 대립에 주목을 받게 되었기 때문이다.[181]

그 후에 1976년부터 도시빈민선교회는 선교전략을 바꾸어, 교회를 통한 지역의 가난한 자들을 돕는 선교활동을 새롭게 전개하였던 것이다. 그 선교회는 예수 그리스도의 섬기는 모범을 따라 섬기는 종으로서 가난한 자들을 돕는 역할을 감당했던 것으로 이해한다.[182] 그리고 앞에서 소개한 도시산업선교회와 도시빈민선교회는 역시 신학적으로 후에 민중신학이 태동되면서 이들 선교회는 민중신학에 근거하여 사회구조적이며, 정

---

179) 참고, 전계서, 225.
180) 참고, 전계서, 228.
181) 참고, 전계서, 228.
182) 참고, 전계서, 229.

치적인 민주화와 인권의 문제를 거론하며, 반정부투쟁의 방향으로 돌진하게 된다. 그리고 1987년 6월 민주화 선언 이후에, 그리고 정치민주화가 성취된 이후에 이들 선교단체들의 역할은 수명을 다한 것으로 판단된다.

5. 민주화이후 한국교회의 섬김 사역

1987년 민주화가 선언된 이후 한국사회는 국민에 의하여 선택된 민주 정부가 권력을 이양 받았고, 정치적인 민주화가 이루어졌다. 그러나 산업화과정에서 발생한 우리사회의 도시빈민의 문제는 해결되지 않았다. 지난 1998년 한국사회는 IMF의 경제위기를 맞이하면서 서울을 중심한 대도시에서는 거리의 불량배와 방랑자들과 노숙자와 굶주리는 가난한자들이 수없이 늘어나게 되었다. 국가의 정부는 별다른 대책도 세우지 못하고 있었다. 이러한 상황에서 한국교회는 지역교회나, 기독인 개인들이 이러한 우리사회의 문제에 대하여 책임을 나누어야 한다는 의식이 싹트기 시작하였고 복음 선교의 과제로 인식되어, 그리스도의 사랑을 실천하는 섬김의 모습을 보여주기 시작하였다.

필자는 이러한 상황에서 한국교회가 개인적으로나, 교회적으로 섬김의 사역을 주도하는 봉사적인 모습을 보여주고 있는 몇 개의 대표적인 섬김 사역의 활동을 소개해 보기로 한다.

1) 다일공동체의 섬김 사역

다일(多一)공동체는 대한예수교 장로회 통합교단에 속한 최일도 목사에 의하여 시작된 우리 사회의 가난한 자들을 돌보는 사랑의 봉사단체이다.[183] 1987년 청량리역을 중심으로 경동시장이 있는 우범지역에서 최목사는 9명의 기독인 형제들과 함께 그 지역에 있는 집 없이 방황하는 거리의 걸인들(노인, 알콜중독자, 창녀들)에게 무료로 점심을 제공하였다. 그 이래로 현재 이러한 봉사활동은 계속되고 있으며, 최근에는 많은 복지가 들의 협력과 후원으로 천사병원을 설립하고, 가난한 사람들을 무료로 치료하며, 돌보는 섬김의 사역의 모범을 보이고 있는 것으로 이해한다. 그리고 다일공동체가 추구하는 대의는 첫째, 나사렛 예수의 영성을 따르는 영적인 생활이며, 둘째, 예배의 새롭게 함을 통하여 거룩한 경건생활, 셋째, 기도와 노동을 통하여 공동생활, 넷째, 모든 믿는 자들과의 화해와 통일 등에 있다.[184] 그리고 이러한 삶은 순수한 가난의 토대위에서 절대적인 헌신과 섬김의 모습을 이루기 위함이다. 다일공동체는 하나의 공동체를 설립하고, 노숙자와 병자와 굶주린 자들을 위한 무료 숙박소와 밥상공동체를 위한 나눔의 집을 운영하고 있다. 또한 마을에다 영성훈련을 위하여 침묵의 집과 대화의 집을 지어 운영하고 있다.[185]

2) 광야교회공동체의 섬김 사역

광야교회는 1987년에 영등포 역 근처 가장 가난하고 우리사회에 소외된 자들이 거주하는 지역에 교회를 세우고, 그리스도의 복음을 전하며, 그리스도의 사랑인 디아코니아를 실천하는 교회이다. 이 교회의 사역은 다일공동체의 최일도 목사가 청량리 역 근처에서 시작한 사역과 같은 시기에 임명희목사에 의하여 시작되었다. 그리고 일반교회의 목회사역과

---

183) 다일(多一)이란 다양함 가운데서 일치함을 의미한다는 뜻이다. 아마도 다양한 사람들의 모임을 통하여 그리스도의 한 가지 뜻을 이룬다는 의미를 가진 것으로 이해된다.
184) 참고, 김경실, 방문보도, 청량리 588번지, 복음과 상황, 1991, 5/6월호, 34쪽.
185) 비교, 최일도, 침묵의 집, 나눔의 집, 기독교사상, 1996, 234-241.

는 다르게 특수한 상황에서 시작된 목회사역으로, 이 지역에서 집도 없이 배회하고, 역내에서 노숙하는 어려운 사람들을 돌보는 섬김의 사역을 실천하고 있다. 특별히 최근에는 홈리스 복지 센터를 설립하고, 집 없는 사람들이 와서 기거하며 살도록 봉사하고 있으며, 매일 약 900여명에 달하는 가난한 자들에게 무료로 식사를 제공하는 일 또한 최대의 봉사사역이다. 그리고 수많은 불량배들과 몸을 파는 창녀들을 복음으로 치유하고 새로운 인생을 살도록 지도하는 일이 주된 과제였다. 이러한 사역은 역시 수많은 교회들의 협력과 지원으로 가능했고, 자원봉사자들의 협력 또한 계속적으로 이어지고 있는 것으로 알고 있다. 역시 임명희 목사는 그가 일찍이 도전을 받았던 성경말씀이 누가복음 10:25-38절에 소개된 선한 사마리아인이었으며, 그러한 역할에 참 기쁨으로 그리스도의 복음과 사랑의 실천에 헌신하고 있는 인물로 여겨진다.

3) 서울 광염교회의 섬김 사역

광염교회는 한국교회의 섬김 사역의 실천적인 모습을 잘 보여주는 가장 대표적인 교회라고 할 수 있다. 조현삼목사는 1992년 교회를 설립하고 목회의 정책을 이웃을 향한 사랑의 실천에 두었다. 그 예로 교회의 소요예산을 각부별로 나누고, 100만원의 잔고를 남기고, 그것을 전도하는 일과 구제하는 일, 장학금으로 사용하도록 원칙을 정하여 시행했을 때 전체예산의 약 30%가 이웃사랑의 실천에 사용되었던 것이다. 그리고 매년 결산하면 놀랍게도 전체예산의 약 50%가 복음전도, 구제, 장학금 등에 사용된 것을 확인할 수 있었으며, 순순한 구제비(가난한 자를 돕는 비용)로는 전체의 20%가 사용되었다는 것이다.[186] 그리고 지난 2006년 한

---

186) 참고, 김창훈, 교회의 봉사(사회적 책임): 서울광염교회의 사례를 중심으로, 총신100만 연구논문집, 2008, 143.

해 동안 총 교회의 전체 총결산액이 60억이었는데, 그 중 12억이 이웃을 돕는 사랑의 행위인 디아코니아(구제비)의 비용으로 지출되었다는 것이다.187)

이러한 사실을 전제할 때, 서울광염교회는 이 시대의 한국교회의 섬김 사역을 실현하는 가장 모범적인 교회라고 할 수 있을 것이다. 그러나 광염교회의 조목사는 이렇게 사회를 향하여 교회가 복음전도와 섬김의 사역을 실천하는 방식 외에도, '한국기독교연합봉사단'이란 사회봉사활동 기구를 만들어 섬김 사역의 적극적인 활동을 몸소 실천하고 있기도 한데, 95년 서울 삼풍백화점이 무너졌을 때, 조목사는 인명을 구조하는 일에 직접 참여하였고, 그것이 계기가 되어 이러한 봉사단체를 만들게 되었다. 그리고 실제로 이 단체를 통하여 그는 역시 현재까지도 사회봉사의 모범을 보이고 있다. 특히 이 단체는 천재지변이나, 인재 등으로 고난에 처한 상황에 언제든지 달려가서 비상에 처한 재난과 인간의 고통을 돕는 일에 도움을 제공하는 역할을 하고 있다.

이러한 일은 일반적으로 생각할 때, 국가정부나, 지역 시, 군의 지방행정부가 담당해야 할 일을 광염교회의 조목사가 주도하고 있는 한국기독교엽합봉사단이 그 역할을 하고 있는 셈이다. 이러한 봉사활동은 국내에서 발생하는 비상재난상태는 말할 것도 없고 이제는 국제적으로 봉사활동을 확대해 가고 있는 모습이다.

지금까지 행한 재난구호의 사례는 예를 들면 1997년 파주 문산지역의 수재민 구호활동, 1998년 8월 의정부 집중호우 수재민 구호활동, 2000년 4월 강원도 고성 산불 구호활동, 2001년 6월 연천 가뭄시 물 지원 구호활동, 2002년 8월 태풍 루시로 인한 수재민 구호활동, 2003년 대구지하철

---

187) 참고, 전게서, 144.

참사 구호활동, 2003년 4월 이라크 종전 긴급재난 구호활동, 2003년 9월 태풍 매미로 인한 수재민 구호활동, 2003년 12월 이란 밤시 지진 피해 구호활동, 2004년 3월과 2005년 4월 영동지역 산불 피해 구호활동, 2004년 4월 북한 용천 폭팔사고 긴급 구호활동, 2004년 12월 필리핀 태풍 피해 구호활동, 2005년 1월 아시아 쓰나미 피해 구호활동, 2005년 9월 태풍 나비 피해 울릉도 복구 활동, 2005년 9월 미국 허리케인 카트리나 피해 구호활동, 2005년 10월 파키스탄 카슈미르 지진 피해 구호활동, 2005년 12월 광주 나주 지역 폭설 구호활동, 2006년 2월 필리핀 산사태 피해 구호활동, 2006년 5월 인도네시아 지진 피해 구호활동, 2005년 7월 강원도 인제군 폭우 피해 구호활동, 2006년 10월 화훼마을 화재 주민 사랑의 구호품전달, 2006년 12월 필리핀 태풍 두리안 긴급 구호활동 등으로 소개될 수 있다.[188]

이 봉사단은 국내외를 막론하고 천재지변으로 인한 재난과 이재민 발생지역에는 어디든지 달려가서 사람들을 돕는 사랑의 봉사를 감당하고 있다. 이 봉사단은 실제로는 광염교회에 속한 모든 인들이 물질로 돕는 사랑의 봉사인데, 그리스도의 사랑을 이웃에게 실천하는 섬김의 사역으로서 크게 복음에 헌신하는 모습이라고 할 수 있다. 그리고 이러한 광염교회의 봉사와 헌신을 이해한 한국 사람들은 기독인의 신분을 뛰어 넘어 물질과 재정을 돕고 있는 것으로 알려져 있다.[189]

4) 한국기독교총연합회와 대북한 섬김 사역

한국기독교 총연합회가 결성되기는 1989년 12월의 일이다. 그 동기는 1988년 2월 한국기독교를 대표했던 기관인 한국기독교교회협의회

---

188) 참고, 전게서, 145-152.
189) 참고, 전게서, 153-155.

(KNCC)가 '통일선언문'을 발표한 일에서라고 본다. KNCC가 신학적으로 자유주의적인 방향에 서 있다면, 한기총은 복음적이며 보수적인 방향에 관계된 단체라고 볼 수 있다.[190] 물론 한기총이 만들어진 배경은 필자가 생각하고 있는 것보다 더 긴 배경이 있음을 짐작한다.[191] 그러나 현재 한기총이 제일 주력사업으로 삼고 있는 것이 남북통일에 대한 관심인 것을 헤아리면 KNCC의 통일선언문이 얼마나 큰 도전이 되었는지를 짐작할 수 있다. 특히 한기총은 지난 6.25의 동족상잔의 피비린내 나는 전쟁과 북한의 공산주의 독재인 김일성, 김정일 정권의 실정, 그리고 기독교를 박해하고 하나님을 섬기던 수많은 신앙인의 선조들이 공산당에 의하여 순교 당하게 된 역사를 기억한다면, 북한을 돕는다는 것이 쉬운 일이 아니었지만, 기꺼이 북한 주민을 돕는 사랑의 쌀 보내기를 실천했던 것이다. 이러한 결단과 실천은 원수까지도 사랑하라고 하셨던 그리스도의 복음에 순종한 신앙의 모습이며, 동족을 사랑하는 인도주의가 함께 작용한 것으로 이해된다. 그러면 한기총의 대북사역에 대하여 구체적인 것들을 살펴보기로 한다.

(1) 한기총의 대북한 섬김 사역의 시작

한기총의 대표적인 초기 사역은 '사랑의 쌀 나누기 운동'에서 시작되

---

190) 참고, 현재 한기총은 67개의 교단과 기독교단체가 연대한 협의체로서 신학적으로는 보수적인 입장을 취하는 개신교의 초교파단체이다.

191) 참고, 조기현의 레포트, 2008년 4월: 1924년 조선예수교연합공의회와 1934년 조선기독교연합공의회가 결성된 배경에서 출발한다. 그리고 해방 후 1946년 한국기독교협의회(KNCC)가 새롭게 발족하였고, 13개 교단 및 교회기관이 가입하였다. 1970년대에 이르면서 한국교회는 크게 부흥하였고, KNCC가 점점 자유주의 신학의 방향으로 전환하면서, KNCC에 가입된 교단들이 탈퇴하고, 보수와 진보의 교회로 한국교회가 양분되면서, 세상을 향한 교회의 목소리와 책임이 약화되었다. 그러던 중 1984년 기독교선교 100주년을 맞이하여 교회의 원로들이 교파를 초월한 한국교회의 연합기구의 필요성을 인지하고, 1989년 한경직 목사의 자문과 함께 1989년 12월 28일에 오늘의 한국기독교총연합회가 발족하게 되었다. 초대 회장에 한경직 목사, 총부에 김경래장로, 서기에 림인식목사가 취임하였다.

었다. 1990년부터 북한은 극심한 기후변화로 식량부족국가로서의 시련을 겪고 있었다. 그리고 배고파 북한을 탈출하는 사람들이 생겨나면서 북한 어려움은 극에 달했던 것으로 짐작한다. 이 때 북한의 김일성정부는 남한에 쌀 지원을 요청하였고, 북한과의 정치적 긴장해소차원에서 정치적으로 남한 정부는 북한을 지원하는 완화정책이 실천되었던 것이다. 그리고 한기총은 역시 북한 조선기독교연맹과 교류를 시작하였고, 그들의 요청을 받아들여 1990년 사랑의 쌀 1만 가마(약800여톤)를 시작으로, 1,300통의 옥수수 등을 보냈고, 그 일은 계속해서 1999년까지 10차례에 걸쳐 북한 돕기 운동을 전개하였던 것이다. 그 이후에도 추위에 허덕이는 북한동포를 위해 북한에 '의류보내기 운동'이 시작되어 1997년 9월 13일 1만 여벌의 옷이 인천항으로 보내지는 것을 시작으로 20여만 벌의 옷이 그 해에 보내졌다.[192]

(2) 한기총의 본격적인 북한지원의 섬김 사역

1996년부터 한기총은 기구 안에 '남북교회 협력위원회'를 두고 '남북통일을 위한 한국교회의 역할과 사명'을 한국교회에 제시하였으며, 그 안에 북한동포돕기선교위원회에서는 북한의 식량난에 대한 한국교회의 대응에 관심을 촉구하면서 1997년 4월 18일 인천항을 통해 밀가루 630톤(시가2억원)을 보내고 그해 8월 27일에 밀가루 2,500톤과 분유 26톤, 9월 4일에는 옥수수 1,500톤(시가2억2천)을 '한국기독교'의 이름을 부대에 새겨 보내기도 하였다. 또한 1998년 4월 15일에는 밀가루 2,000톤(7억4천만원)을 인천항에서 남포항으로 선적해 보냈다. 이러한 지원은 한동안 여러 가지 형태의 모습으로 지원되었으며, 최근 2007년에는 북한의 홍수피해 복구를 위해 밀가루, 지붕자재, 삽, 시멘트 등, 시가 15억 원 정

---

192) 참고, 조기현의 한기총 사역 레포트, 2008년 4월.

도의 물품이 개성과 신의주를 통하여 전달되기도 하였다.193)

1995년 김일성 사망이후 중국의 동북삼성으로 나온 30여 만 명의 탈북자들을 위해 비공식적인 북한선교의 진행과 함께 중국 곳곳에 '미션홈' 사역을 감당해 탈북자들의 거처를 마련하여 주고, 그들의 필요를 공급하여 주었을 뿐만 아니라 두만강 압록강 주변 변방지역에는 감자밭과 옥수수 밭을 대단위로 경작하여 밤을 이용해 마음껏 탈북자들이 가져갈 수 있도록 배려하였다. 뿐만 아니라 탈북난민UN청원운동을 통해 1,189만 명이라는 엄청난 서명명단을 UN에 제출하여 탈북자들의 난민지위를 요청하기도 하였다. 그리고 자유이주민 정착지원 본부를 통하여 국내에 들어온 13,000여명의 탈북자들의 정착을 위하여 대성공사에 평화교회와 하나원 안에 있는 하나교회에 사역자를 파송하고 '하나원'을 퇴소하는 탈북자들을 전국 곳곳에 있는 교회와 결연을 맺어주는 사업을 지금껏 진행하고 있다.194)

오늘날 한기총은 사랑의 쌀을 보내기 운동에서 그 대상을 북한에만 한정하지 않고, 지구촌 곳곳으로 확대하고 있다. 국내를 시작으로 북한과 아프리카난민 등 세계 곳곳으로 확대되었고 현재도 국내는 물론 몽골 등 세계 곳곳에 사랑을 전달하고 있다. 이러한 모습은 역시 그리스도의 사랑에 보답하는 이웃사랑의 실천의 모습이며, 한국교회를 전체를 대표하는 기구로서 당연한 모습이라고 할 수 있다.

(3) 통일선교대학의 설립과 운영

1998년 2월 평화통일을 준비하는 한국교회가 되기 위하여 가장 급한 일이 통일 일군임에 교계지도자들이 뜻을 모았고 '통일선교대학'을 설

---

193) 조기현의 한기총사역 레포트. 2008년 4월.
194) 전게서, 153-155.

립하여 북한선교를 위하여 감당할 한국교회의 역할과 사명을 교육하고 통일을 위한 준비와 통일이후를 대비한 통일국가시대를 위한 통일세대 교육을 통하여 1,800여명의 북한선교전문가를 배출하였다. 최근에 이르러는 200여명의 탈북자들이 함께 수업을 받으며 통일 이후 북쪽의 사회, 문화, 정치, 경제의 지도자 일꾼들을 배출하고 있다. 최근 북한선교사역을 감당하는 선교회와 지원단체 등의 간사와 실무자들이 통일선교대학의 출신자들이 활발하게 활동하고 있다.195) 그리고 한기총에는 통일선교정책연구원을 두고 한국교회의 평화통일과 북한선교의 정책을 제시하기도 하였다. '한국교회의 통일정책선언'을 통해 통일한국의 상 6가지, 통일의 방법 6가지, 실천과제 4가지 등을 제시하였다.196)

---

195) 전게서.
196) **통일한국의 상**: 1. 통일한국은 하나님의 공의와 사랑이 지배하는 민족공동체여야 한다. 2. 통일한국은 자유와 평등, 평화의 나라이여야 한다. 3. 통일한국은 모든 사람이 하나님의 형상으로 지음받은 인간으로서의 존엄성이 존중되는 나라여야 한다. 4. 통일한국은 모든 국민에게 인간다운 삶을 보장할 수 있는 경제질서가 운영되는 나라여야 한다. 5. 통일한국은 모든 계층간, 세대간, 지역간의 갈등이 해소됨으로써 유기체적 화합을 지향하는 나라여야 한다. 6. 통일한국은 동북아시아의 지리적 중심지요, 태평양과 유라시아 대륙을 잇는 중개적 위치에 있는 만큼, 이 지역의 안전과 세계평화를 도모하며 예수그리스도의 정신으로 이웃나라들과 협력과 발전을 이뤄가는 나라여야 한다.
통일의 방법: 7. 통일은 그 자체가 목적이 아니라 과정이므로 맹목적 통일지상주의를 거부하고, 하나님의 뜻과 방법에 부합하는 통일을 추구해야 한다. 8. 통일은 모든 폭력적 방법이 아닌 평화적인 방법으로 이루어져야 한다. 9. 통일은 인도적 차원에서 남북한 이산가족의 문제를 최우선적으로 해결해야 하며, 다각적인 남북교류협력이 이루어져야 한다. 10. 통일은 정치적, 경제적 통일뿐만 아니라 문화적 심리적 통일까지 이루어져야 한다. 11. 통일은 정부와 민간의 협력 하에 이루어져야 한다. 12. 통일 후 각 지역의 새로운 건설은 그 지역 주민들의 의사가 최대한 반영되고, 그들의 이익이 보장되어야 한다.
우리의 실천과제: 13. 우리는 남한사회가 내부의 제반분열과 갈등을 치유하고 국론통일을 이루어가는 것과 북한 사회가 인간의 존엄성과 자유를 회복하는 것이 통일을 이룩하기 위한 기반이 됨을 강조한다. 14. 남한 당국은 '통일한국의 상'에 접근해 갈 수 있도록 사회적 대개혁을 지속적으로 추진해 가야하며, 북한당국도 통일을 위하여 신앙의 자유를 비롯한 인가의 기본권을 보장하는 내적 개혁을 단행하여야 한다. 15. 우리는 한국의 기독인들이 교회의 일원으로서뿐만 아니라 민주국가의시민으로서 통일운동에 선도적 책임을 다하며, 통일을 위한 교회교육을 강화하여야 한다. 16. 우리는 북한 기독인들과 교회를 돕는 사업뿐만 아니라 북한동포돕기운동이나 탈북자 동포지원사업 및 북한교회 재건사업에도 적극참여하여야 한다.

(4) 북한 교회재건위원회

북한교회재건위원회는 1993년에 발족하여 해방 전 북한에 존재했던 3,040개의 교회를 발굴하고 이 중 2,850여개의 교회를 재건할 남쪽 교회를 확정짓고 재건헌금과 기도운동을 벌이게 되었다. 또한 재건교회의 모형을 제시하는 세미나를 정기적으로 개최하기도 하였다. 특히 북한에 세울 교회들은 교회가 단체와 연합하여 창구를 단일화하고, 단일 기독교단, 독립적이고 자립적인 교회를 세운다는 북한교회재건의 3원칙을 발표하여 60여 교단이 이에 합의하여 서명하기도 하였다. 그러나 북한교회재건은 단지 건물의 재건을 의미하는 것이 아닌 하나님의 백성들의 회복을 의미하는 에클레시아의 회복에 더욱 초점을 맞추고 있음을 강조한다.

5) 기독교 NGO의 활동과 섬김 사역

지난 1987년 이래로 섬김 사역은 NGO의 활동으로 대체된 모습이다. 원래 NGO란 1945년 유엔이 창설되면서 국제적인 조직체로 나타나게 되었다.[197] 이 단체는 '비정부조직체'(nongovernmental organization)로서 유엔기구의 인권위원회 보호 하에 인류의 재난과 지구촌 곳곳에서 발생하는 문제들에 개입하여, 적극적인 봉사활동을 전개하고 있는 모습이다. 그리고 NGO가 추구하는 목적은 인간이 인격적인 존재로서의 삶을 구현하는 일에 장애를 일으키는 제도적이며 사회적인 구조의 모순을 극복하고, 실제로 인간의 인간다운 삶의 가능성에 봉사하려는 인간적인 노력이라고 할 것이다. 그리고 인간을 섬기려는 자발적으로 조직된 봉사활동인 셈이다.

이러한 NGO의 활동은 한국에서는 1987년 6월 항쟁이후 민주화 조치

---

197) 참고, 박상필, NGO학, 아르케 2005, 209쪽.

가 이루어지고, 시민들의 자율적인 활동의 공간이 확보되면서 가치를 공유한 시민들이 단체를 결성하여 국가권력을 감시하고, 비판하며, 사회개혁을 촉진하는 적극적인 활동을 목적으로 시작되었다.[198] 그리고 지난 1990년대에 이르면서 한국사회 경제의 무질서를 직시한 지식인들이 '경제정의실천연합'이란 NGO단체를 만들었고, 경제정의와 사회정 실현차원에서 자발적인 시민단체로 구성, 조직하여 현재까지 그 역할을 하고 있는 것으로 안다. 그 후에도 한국사회에는 부정선거를 방지하기 위한 노력으로 선거 캠페인을 벌이는 NGO를 비롯하여, 환경문제, 평화문제 등을 이슈로 시민운동을 펼치는 인도주의적인 차원의 NGO들이 많이 탄생하였다. 현재 한국에는 200여 단체의 NGO들이 있는 것으로 알려져 있다. 필자는 이러한 이해와 함께 기독교의 디아코니아사역에 새로운 중추적인 역할을 하고 있는 기독교의 NGO 활동들을 소개해 보기로 한다.

(1) 기독교 NGO 단체는 어떤 것인가?

기독교 NGO가 한국에서 언제 시작된 것인지는 정확하지 않지만, 앞에서 언급한 대로, 1987년 한국사회에 민주화조치가 선언된 이후 각계각층의 다양한 시민들의 욕구가 분출되면서 공공의 선과 사회정의의 추구운동이 자발적으로 일어났고, 기독교의 사회적 책임에 관한 인식이 기독인들에게 확대되면서, 그들의 신앙양심은 사회정의 실현차원에서 이웃이 고난당하는 문제들에 자발적으로 참여하게 되었다.

현재 국내기독교 NGO로서 가장 대표적인 단체는 '기독교윤리실천운동'으로 이해된다. 이 단체는 '하나님의 말씀인 성경과 정통적 기독교신앙을 기본 이념으로 하여, 복음에 합당한 윤리적 삶을 통해 신뢰받는 기독교인과 한국교회가 되도록 섬기며, 섬김의 문화형성을 통해 생명과 평

---

[198] 참고, 전게서, 213.

화의 공동체를 이루는 일을 사명으로 삼고 있다'고 밝히고 있다.[199] 근년에 새롭게 활동하고 있는 단체로 '교회개혁실천연대'가 있으며, 그 단체의 활동은 점점 더 세속화되어 가고 있는 한국교회를 일깨우고, 교회개혁에 기여하기를 원하는 기독교 NGO로 이해된다. 그리고 이러한 공식화된 NGO의 활동 외에도 한국교회는 개교회적으로 지역사회에 내에 소외된 이웃을 돕는 자선활동과 봉사활동을 선교초기부터 지금까지 지속하고 있는 것으로 안다. 비록 그러한 활동이 소극적이긴 하지만 NGO와 동일한 맥락의 의도와 목적을 가진 것으로 이해되며, 특히 국가의 사회복지정책에 편승하여 섬김의 활동이 전개되고 있다.

이러한 기독교(교회)NGO의 활동들이 생겨나게 되는 동기와 목적은 무엇인가? 그것은 기독교의 복음전파와 관련하여, 특별히 이웃사랑에 대한 하나님의 명령의 실천에 그 목표를 두고 있다. 그리고 진실한 기독인이라면 고난당하는 이웃에게 예수사랑을 나누는 자발적인 신앙적 봉사를 외면할 수 없는 것이다. 이러한 동기의 속성은 바로 하나님의 형상에 속한 것이며(인간의 사회성), 동시에 기독교신앙의 본질(믿음, 사랑, 소망)에 속한 일로 이해된다.

우리는 여기서 과연 사회정의실현의 책임이 기독교의 과제인가를 질문해 볼 수 있다. 전통적인 보수신학은 이 문제에 대하여 오랜 침묵의 기간을 보냈다. 하지만 1974년 스위스 로잔에서 모였던 세계복음주의자 대회는 로잔선언(언약 제 5항)에서 이미 '그리스도의 복음은 사회에 대한 책임을 지닌다'는 말로 사회정의에 대한 이웃의 책임을 처음으로 인정하였던 것이다.[200] 그리고 그 당시 그 대회는 사회적 책임을 위한 구체적인 윤리적 행동지침을 제시하기 위하여 연구위원회를 구성하였고, 그 연

---

199) 참고, 기독교윤리실천운동 홈페이지.
200) 참고, 정일웅, 교회교육학, 범지출판사, 2008, 232.

구위원회는 1982년 그랜드레피드에서 하나의 보고서(Reporting)를 발표하게 되었는데, 그것이 '복음과 사회적 책임'(Evagelism and social Resposbility)이란 주제의 내용이었다.201) 그 내용은 사회봉사의 영역과 사회활동의 영역이란 두 차원으로 구분하여 그리스도인들이 사회정의 실현을 위하여 어떻게 행동해야 할 것인지, 그 윤리적 행동지침을 상세히 소개하였다.202)

생각하면 이러한 사회정의 실현의 필요성과 요구는 현대산업사회에 이르면서 더욱 확대되고 증대되었다. 예를 들면 빈익빈 부익부의 문제, 독재주의의 통치로 인한 인권침해문제와 가난과 궁핍의 극복문제, 인간소외의 문제, 질병과 전쟁과 평화와 환경문제와 생태계의 위기와 기후변화 등이 이에 해당하며, 오늘날 생명공학의 연구에 이르기까지 현대적으로 인류의 생존을 위협하는 실체들이 개인차원을 뛰어넘어 인류전체의 문제로 확대되는 상황에 이르게 되었다. 그리고 지구촌에 생존하고 있는 전 인류는 지금 이러한 현대산업사회와 정치, 경제 등의 구조와 관련하여 파생되는 다양한 문제들을 직면하고 있는 것이다.

이러한 환경에서 교회와 신학의 복음적인 이해는 영혼구원의 전통적인 이해를 뛰어넘어 이웃과 사회와 공동체에 대한 책임의 문제를 포함한 전인구원이 더 큰 관심을 얻게 된 것이다. 여기서 사회윤리의 책임과 사회정의에 대한 책임이 기독교(교회)와 기독인들에게 강하게 도전되고 있으며, 그야말로 이 시대는 성장세대에게 사회봉사의 책임이 정치적인 책임 수행능력과 맞물린 일로 그러한 정신과 능력을 기르는 일이 교회(기독교)교육의 근본과제로 요청되고 있는 것이다.203)

---

201) 참고, 정일웅, 교육목회학, 그리심, 2003, 38-40.
202) 참고, 전게서, 213.
203) 참고, 정일웅 교회교육학, 2008, 231-235.
　　WCC의 기독교사회윤리에 대한 급진적인 태도에 비하여 세계복음주의자들의 태도변화는 1974에 일어났다. WCC는 1-2차 세계대전을 거치면서 산업사회의 도래를 전망하였고, 정치와 경

(2) 대(對)북한 기독교 NGO들이 목표하는 사역은 어떤 것들이 있는가?

대북 기독교 NGO는 북한주민들의 기근문제와 관련하여 식량을 제공하고, 그들의 고난을 도우려는 것에서 출발하였다. 이러한 NGO 단체들은 북한선교와 남북통일에 기여하려는 동기와 함께 시작되었다. 그리고 대북NGO는 크게 4가지 방향에서 과제들이 추진되고 있다고 보는데, 첫째는 탈북자의 북한 탈출을 돕는 NGO이며[204], 둘째는 북한의 기근상황의 개선에 도움을 주기 위하여 식량을 제공과 부족한 생필품의 전달, 또는 북한현지에 생필품 생산 공장을 설립하여 기술을 지원하는 일들이다. 셋째는 북한정권이 북한국민의 인권을 침해하거나 유린당하는 행위에 대항하여 인권상황의 개선을 목표한 NGO의 활동이 있으며, 넷째는 탈북자들이 남한 사회에 정착하기 위한 새터민 돕기 활동의 사역이다.[205]

이러한 4가지 방향에서의 활동들은 미래적으로 남북통일에 크게 기여할 수 있는 전위대의 역할로 이해된다. 그리고 기독교 NGO의 활동들은 현재 대부분 두 번째 방향의 과제에 집중하고 있는 모습이다. 또한 북한 당국도 두 번째 활동에 대해서는 기독교단체라 할지라도 인도주의적 관

제가 인류에게 미칠 여러 인간의 문제들을 감지하고, 기독교복음의 기독교사회윤리에 대한 인식을 새롭게 제기하였고, 이웃과 사회에 대한 기독교의 책임윤리를 적극적으로 제기하였던 것이다. 그리고 그리스도의 복음의 진리에 대하여 배우 보수적이며, 복음적인 교회들이 WCC의 신학노선을 자유주의 신학으로 비난하며, 복음의 사회적 가치이해를 거절하다가 1974년 세계 복음주의자들이 스위스 로잔에서 회합을 가지면서 '로잔 언약' 제 5항에서 비로소 처음으로 "그리스도의 복음은 사회적 책임을 가진다"고 고백함으로 사회윤리와 이웃의 고난의 문제에 대하여 눈뜨기 시작했던 것이다. 그리고 1982년의 그랜드래피드보고서(Evangelism and social responsbility)는 상당히 인류가 정치적이며 경제적인 사회구조에서 파생하는 문제들에 대하여 기독인들이 어떤 태도를 가지고 이웃의 고난에 대하여 책임을 다해야 할 것인지, 기독교사회윤리의 기본지침을 발표하였던 것이다. 참고, 정일웅의 책, 교육목회학, 제1장: 하나님의 나라와 한국사회, 34쪽 이하.

204) 참고, 두리 하나선교원의 천기원목사의 탈북자 지원활동은 잘 알려진 단체이다.
205) 참고, 북한 인권개선NGO가 지난 2006년 2월 28일에 서경석 목사를 중심으로 200여교회의 대들의 참석으로 설립되었다.

점에서 그 접촉점이 모색되고, 도움의 수용이 환영되고 있는 것으로 여겨진다.[206]

최근 기독교통일학회는 대북 기독교 NGO단체들의 활동을 격려하고, 자문하는 역할을 하고 있으며, 특별히 기독교통일학회는 제2회 대북 NGO대회를 통하여 현재 활동 중인 대북 기독교 NGO 단체들을 소개하고, 계속적인 활동들을 지원하기 위하여 전략과 방법모색을 위한 토론과 전문가들과 대화의 장을 연바가 있다.[207] 이 행사에서 약 20여개의 현재 활동 중에 있는 여러 NGO들이 소개되었는데, 그 가운데서 인상 깊은 NGO는 한국대학생선교회(CCC)가 북한에 젖, 염소 보내기 운동을 10년 전부터 계획하여 그동안 약 천여마리를 보냈다는 것이다.[208] 그리고 대학에서 공부하는 새터민들을 지원하기 위한 대학 내의 NGO 기구로 연세대학교 장학지원 NGO와 하나로 장학회가 있었다.[209] 이러한 장학회들은 현재 북한 출신 대학생들이 어떻게 학업을 잘 감당하며, 남한사회에 뿌리 내리게 해야 할 것인지를 돕는 활동이긴 하지만, 더 장기적으로는 남북통일의 날을 기다리면서 앞으로 북한에서 활동할 수 있는 인재양성에 그 목표를 두고 있는 일들이었다.

이와 더불어 가장 구체적인 북한 돕기를 실천하고 있는 기독NGO로는 '한국기아대책기구' 가 있었다. 기아대책은 기독교정신을 바탕으로 1971년에 설립되어 국제 NGO단체로 지구촌 곳곳에서 발생하는 기아상황을 전 세계에 알리며, 굶주린 아이들에게 식량과 그리스도의 사랑을 전하여 생존과 자립을 돕는 활동을 전개하고 있다. 한국의 기아대책기구는 1989

---

206) 대북한 기독교 NGO들의 활동상황은 현재 한국교회와 관련하여 시도되는 것들과 개별적이 교육기관이나, 사설 선교단체들을 통하여 시도되는 것들로 구분된다.
207) 2009년 6월 26-27일 서울 프레지덴트 호텔에서 개최되었다.
208) 참고, 기독교통일학회 자료집, 제2회 기독교 대북 NGO 대회, 2009년 6월 26-27일 개최됨, 70-71쪽.
209) 참고, www.hanarokorea.org

년에 설립되어 국내에 97개의 지역 회를 가지고 있으며, 204개의 운영시설을 통하여 결손가정, 독거노인, 장애인을 위한 여러 가지 복지사업을 병행하고 있다. 기아대책기구는 '유엔경제사회 이사회'(UNECOSOC)에 협의지위자격으로 등록되어 빈곤상황인 국가와 지역에서 해외구호개발봉사단인 '기아봉사단'을 통해 각종개발사업과 긴급구호활동을 펼치고 있다. 그리고 이 단체는 북한을 지원하는 사업도 함께 추진하고 있는데, 구체적으로 벌써 1994년에 평양 제 3병원에 의료기기를 지원하였고, 식량사정이 악화되었을 때, 씨감자, 밀가루, 분유 등을 보내 주었고, 의류와 의료장비를 비롯하여 젖, 염소 보내기를 실천하였다. 특별히 중점지원 사업으로 의료보건사업과 식수환경개선사업, 어린이 영양교육사업 등을 추진하고 있다.[210] 또한 이 단체는 2007년부터 북한에 병원건립사업을 추진하여 현재 거의 완공단계에 이르고 있다.[211] 한국기아대책기구를 통한 북한지원은 참으로 기대되고, 활발하게 움직이는 NGO활동으로 평가된다.

대부분의 NGO 활동들은 김대중 정부가 주도한 대북정책(2006년 햇볕정책: 남북합의서)에 근거하여 더욱 활발하게 추진되었고, 아직도 탈북자를 돕는 일과 북한주민의 인권문제를 다루는 NGO의 활동은 북한당국에서 가장 거부감을 가지는 활동들로서 구체적인 실적은 나타나지 않고 있는 모습이다. 그리고 북한의 인권문제와 관련하여 어떤 것들이 관심의 대상이 되어야 하는 지에 대한 지침을 김병로교수가 제시하고 있는 그의 연구서는 큰 도움이 되고 있다.[212] 또한 북한의 인권개선의 과제는

---

210) 참고, www.kfhi.or.kr. 한국기아대책기구는 2009년이 설립 20주년으로 정정섭회장을 중심으로 국내와 북한 뿐 아니라, 전 세계를 향하여 떡과 복음을 전하는 일을 우선과제로 삼고 굶주리는 아이들과 노인들을 향하여 돕는 실제적인 복음의 섬김 사역을 감당하고 있는 가장 모범적인 NGO단체이다.
211) 참고, www.kfhi.or.kr.
212) 참고, 김병로, 북한 인권문제와 국제협력, 민족통일연구원, 1997.

매우 정치적인 일이며, 이데올로기의 대립이기에 그렇게 간단하게 접근할 수 있는 일은 아니며, 우리 정부의 정책과 국제간의 연대와 유엔의 인권위원회와의 연대 하에서 추진되어야 할 중요한 사역으로 이해한다.

6) 요약

이 장에서 필자는 한국교회 섬김사역의 역사와 현재 한국교회 내외에서 실천되고 있는 섬김사역의 실체들을 간략하게 소개해 보았다. 이러한 역사적 확인을 통하여 섬김의 사역은 그리스도의 복음을 이 땅에 증거하고, 실현하는 일에 중요한 수단이면서, 동시에 복음의 실체요, 복음의 과제라는 것을 확인할 수 있었다. 그것은 지금도 기독인 개개인들과 한국교회가 고난 가운데 있는 한국사회와 이웃에게 실현되어야 할, 그리고 나타내야 할 하나님의 명령이요, 그리스도의 명령이며, 기독인의 책무라는 것을 확인하였다. 또한 그것이 하나님의 나라를 실현하는 도구요, 주체임을 확인하였다. 특별히 한국교회는 선교초기에서부터 그리스도의 복음전도와 디아코니아 사역을 병행하였으며, 그것이 이 민족에게 복음이 전파되고 확산되는 일에 크게 적용된 도구였음을 확인하였다.

지난 70년대 이후 한국교회는 산업화과정에서 신학의 자유화와 보수화로 인한 격론과 함께 복음전파와 섬김사역의 과제를 분리시키는 문제를 안고 있었다. 그 때문에 보수적인 교회의 섬김사역은 사회구조적이며, 정치적인 관계에서 파생되는 인간의 문제에 대해서는 별다른 의미와 행동을 보여주지 못하고, 복음전도와 관련하여 교회내적인 일에 한정된 섬김의 모습을 보였을 뿐이다. 그러나 상대적으로 자유주의 신학을 지향하는 교회들은 복음의 섬김 사역의 중요성을 신학(해방신학과 민중신학)적으로 크게 부각시켰고, 정치적인 불의에 대항하여 사회정의실현을 위한 적극적인 행동을 보여주었으며, 민주화투쟁을 위한 정치적인 행동을 서슴없이 보여주었다. 그럼에도 불구하고, 지나치게 정치적인 투쟁의 행동에만 집중함으로써, 정작 인간의 고난과 시련에 도움을 베풀어야 하는 구체적인 복음의 섬김 사역에는 별다른 역할을 수행하지 못했던 것으로 이해된다. 그러다가 1987년 한국사회에 민주화가 선언되고, 정치민주화가 실현되면서 90년대 이후, 한국교회는 한국사회변화와 함께 가난한자들의 돌봄을 위한 섬김의 사역을 대사회적으로 더욱 확대해 가는 모습을 적극적인 행동을 보였다. 그러나 실제로 한국교회전체가 힘을 모아 대사회적으로 가난한 자들과 소외된 자들을 돕는 섬김의 모범을 보이기보다는 섬김 사역의 중요성을 인식한 개별적인 지도자들에 의하여 그 일이 주도되었고, 섬김사역의 헌신적인 모범을 보이는 개별적인 인물들이 나타나게 되었는데, 그것이 다일공동체의 섬김 사역과 광야교회공동체의 섬김 사역, 그리고 서울광염교회의 사역이었다고 할 것이다. 특별히 한기총의 북한 돕기의 사역과 기독교 NGO들의 대북 활동들은 한국교회를 대표하는 역시 모범적인 사례들이 아닐 수 없다. 더욱이 이 NGO들의 활동은 기독교 북한선교의 과제를 전제하고 점에서 초기 선교사들이 1984년 이래로 조선 땅에서 시도했던 의술과 신교육을 통한 선교활동과 대비된다고 할 것이다. 그러므로 한국교회는 이제 이러한 섬김 사역의 과제와 중요성을 신학적으로 새롭게 인지하고, 미래의 한국교회가 복음선교의 과제로 함께 동반해야 할 수단적이면서, 동시에 주체적인 관제로 인식하고 그 책임을 다해야 할 것이다.

제4장
독일교회의 섬김 사역과 동서독 분단 상황

    여기서 우리는 독일교회의 섬김 사역의 역사를 간략하게 다루어보려고 한다. 특히 19세기에 시작된 뷔케른의 '사회선교'(Innere Mission)의 정신과 관련하여 독일교회 섬김 사역의 가장 실제적인 모습이 어떤 것이었는지를 살피고, 그 이후 역시 동서독분단 상황에서, 독일통일을 이룩할 때까지 독일교회의 섬김의 사역이 어떤 활동을 전개하며, 어떤 결과를 초래하였는지를 살펴봄으로써 오늘 우리의 한국교회의 북한선교를 위한 전략을 고찰하는 일에 중요한 의미와 방법을 도출해 보려는 것이다.

1. 독일교회 섬김 사역의 역사

1) 뷔케른의 사회선교와 섬김 사역

19세기의 전환기에 구라파 전역은 산업사회로의 전환의 사회적 변화를 거치는 시기였다. 이미 1770-1870년 사이는 산업혁명이 시작되었고, 바로 19세기는 그 절정에 이르게 된 시기였다. 그리고 산업화의 현대화 작업은 국가사회를 경제적이며, 사회적인, 그리고 문화적인 관점에서 재빠른 변화를 초래하도록 작용하였다. 그 관점들은 역시 많은 긍정적인 것들을 지니고 있는 반면, 그 안에는 또 다른 이전에 알지 못했던 많은 문제들을 초래하는 결과를 가져왔다. 또한 교회가 가난한자들을 돌보는 일은 그러한 사회적 변화에 깊이 관계되어 새로운 과제를 직면하게 되었다. 역시 국가사회의 시민이면서 동시에 기독인의 모습의 교회의 규범들은 더 이상 유효하지 않게 되었다. 제도화된 교회의 경건과 도시민으로서 책임의 당연한 행위로 인식된 사회의 약자를 돌보는 일은 이러한 사회변화에 편승되어 있었다고 할 수 있다. 그 때문에 새로운 가난과 그 가난에 대한 투쟁은 이러한 사회변화와의 관련 속에서 모두에게 관심의 대상이 되었다.[213] 그리고 이러한 독일사회의 변화 가운데 새로운 빈곤계층이 생겨나게 되었고, 실직자와 무능력자와 질병과 노인을 돌보는 문제들이 사회적 과제로 등장하게 되었다.

이러한 사회적 문제들의 해결에 독일교회의 관심은 1848년 뷔케른에 의한 사회선교(Innere Mission)라는 이름으로 새로운 섬김 사역의 역사

---

213) 참고, Die Macht der Naechstenliebe, Einhundertfuenfzig Jahre Innere Mission und Diakonie 1848-1998, Hrg.v. Ursula Roeper und Carola Juellig, Kohlhammer 1998, 14쪽 이하.

가 시작된 것이다. 그것은 전통적이며 교회적으로 수행해 오던 가난한자들을 돌보는 일과는 구별된 의미를 지닌 것이었다고 할 수 있다. 그 차이는 두 가지 영역과 우선적으로 관계된 것으로 볼 수 있는데, 첫째는 종교적인 책임에서 이웃을 돕는 봉사행위와 기독교복음전파의 과제를 서로 연결시키려는 동기에서이며, 둘째는 여러 주도권을 가진 개별적인 봉사단체들의 활동을 지역을 초월하여 더 큰 영향력을 미치게 하는 독일개신교회가 협력하는 거대한 조직체를 구성하려는 뜻에서였다.[214] 그리고 이러한 프로그램을 주도한 인물이 함부르크 대학의 신학자, 요한 힌리히 뷔케른(1808-1881)이란 사람이었다. 한마디로 말하면 복음전파와 섬김의 사역을 서로 결합시키고, 복음전도와 인류구원의 사역을 섬김의 관점에서 이해하도록 길을 열게 된 인물이 바로 뷔케른이었다.

그는 독일의 함부르크의 공증업무에 종사하는 아버지의 아들로 태어나서, 후에 라우텐베르그(Rautenberg)목사가 주도하는 주일학교운동에 관여하게 되었고, 거기서 가난한 아이들을 돌보던 경험이 후에 신학을 공부하고 목사가 되어 도시의 아이들과 부랑아들을 돌보는 사역을 하게 된다. 그는 벌써 1833년 9월, 라우헤 하우스(Rauhe Haus)를 설립하고, 가난으로 방치된 함부르크 도시의 아이들과 청소년들을 모아 그들을 돌보는 사역을 시작하였다.[215] 그리고 그는 산업화되어 가는 도시생활에서 소외된 청소년들을 복음으로 인도하는 도시선교를 주도하면서 '인네레 미시온'(Innere Mission)이란 개념을 도입하여 도시선교를 구상하게 되었다. 이 개념은 우리말로 번역할 때, 쉽게 표현되는 것이 아니다. 왜냐하면 그 당시 뷔케른이 경험한 복합적인 복음전파의 의미가 혼합되어

---

[214] 참고, 전게서, 652.
[215] 뷔케른은 라우헤 하우스(Rauhe Haus)를 위험에 처한 청소년들을 위한 구원의 집으로 불렀고, 그곳에서 그 시대의 현대적인 교육방식의 표준에 따라 아이들을 교육과 훈육으로 양육하던 집이었다. 참고 전게서, 15쪽 이하.

있기 때문이다. 뷔케른의 의도는 영적인 능력을 상실한 독일 사람들에게 그 능력을 회복하도록 하는 복음선교 사역을 뜻한다고 볼 수 있으며, 실망하여 교회를 떠난 사람들이 다시 교회를 되찾게 하려는 재선교 운동, 또는 재전도 운동이며, 동시에 불신자들을 찾아 나서는 교회의 선교(전도)를 뜻하는 의미를 가진 것으로 이해되기 때문이다.[216] 다만 필자는 편의상, '도시의 소외된 자들을 향한 사회선교'로 이해하여 '사회선교'로 표기하기를 원한다. 그리고 뷔케른의 '사회선교'는 평신도를 중심하여 도시화되고 산업화된 사회 환경에서 소외된 가난하고 어려움에 처한 사람들을 구원으로 인도하는 사회봉사사역과 같은 일이었던 것으로 이해한다.[217]

중요한 것은 뷔케른의 이러한 '사회선교'(Innere Mission)는 처음으로 1848년 뷔텐베르그(Wittenberg)에서 개최된 최초의 독일개신교 '교회의 날'(Kirchentag)행사에서 발표했던 것이다(즉석연설). 이러한 뷔케른의 연설에서 감동을 받은 독일교회는 중앙위원회를 세워 '사회선교의 사역'(Innere Mission)을 뒷받침하게 하였던 것이다. 중앙위원회의 설립의 배후에서 움직이는 인물은 역시 뷔케른 이었다. 그의 관심은 프로이센 왕국의 프로테스탄트 전체가 그 아래에 있는 고급관리를 비롯하여 모두가 사회적이며, 문화적인 영역에서 복음의 능력을 집중시켜 사회의 안정과 백성들이 다시 교회로 돌아오게 하는 재기독화 작업을 추구하려고 하였다. 그리고 기독교적인 이웃사랑의 범주에서 그는 사회적인 도움을 필요로 하는 자들에 대한 돌봄의 포괄적인 전략을 구상하였던 것이다.[218]

1848년 이래로 뷔케른의 기독사회선교는 프로이센 전 지역으로 연합

---

216) 참고, 박영환, 기독교사회봉사의 위기와 신학정책론, 서울신학대학교 사회봉사단 출판부, 2001, 51쪽 각주 1번. 독일어 Innere Mission은 국외 선교의 반대개념으로 '내지 선교', '국내 선교'로 이해될 수도 있다.
217) 참고, 전게서, 61-63쪽 이하.
218) 참고, Hrg.v.Ursula Roeper u.a., Die Macht der Naechstenliebe, 16쪽 이하.

체의 조직망이 확대 발전되었다. 이러한 사회선교는 1897년에 시작된 가톨릭교회의 카리타스(Caritas)라는 사랑의 봉사단체를 결성하는데 영향을 미치기도 하였다. 그리고 후에 사회선교(Innere Mission)의 봉사단체에 속한 인물들로 많은 경제가, 정치가, 국가 행정 관료들이 있었는데, 그 가운데 테오도 로흐만은 1880년에 비스마르크(Bis-mark)의 동역자로서 독일국가사회보장법을 만드는 일에 주된 역할을 했으며, 1890년 이후에 독일개신교 중앙위원회 위원으로 활동하기도 했다. 그 이래로 뷔케른의 사회선교의 섬김 사역은 독일 바이마르 공화국의 사회안전망의 중심구조로서 국가사회복지의 이중적인 체계를 형성하는 일에 기여하게 되었고, 그러한 체계는 오늘날까지 독일국가사회의 복지체계 내에 자리 잡고 있는 것으로 이해된다.[219]

2) 독일개신교협의의 원조국

독일개신교 내에 설치된 '원조국'은 어떤 동기에서 생겨난 것인가? 우리는 이 물음에 답하기 위하여 계속적인 독일 개신교의 섬김 사역의 역사를 추적해 볼 필요가 있다. 그것은 먼저 독일의 교회연합에 뿌리를 두고 있다고 본다. 즉 한편으로 그 당시 제네바에서 '세계교회협의기구'(WCC)가 설립되었고, 2차 세계대전으로 상처받은 여러 나라들의 교회의 재건을 위한 원조사역의 사전작업이 이루어졌고, 그 일을 전담할 기구를 독일개신교 내에 설립하게 되었는데, 그 이름이 개신교원조국(援助局)이란 기관이었다. 이것은 후에 독일기민당(CDU)의 정치가요, 독일국회의 의장이었던 '오이겐 게르스텐마이어'(Eugen Gerstenmeier:1906)의 탁월한 주도하에 원래 뷔케른에 의하여 시도된 봉사활동기구였던 사회선

---

[219] 참고, 전게서, 16-17쪽.

교(Innere Mission)와의 경쟁 관계에서 재빨리 확장된 거대한 기구로 발전하였던 것이다.[220]

　1945년 가을에 확정했던 독일개신교 원조국의 주된 사역은 크게 두 가지로 구분된다. 첫째는 광범위한 재난구제로서, 비상원조가 있는데, 그것은 식량, 의복을 비롯하여 주택제공, 의약품 제공 등이며, 헌금, 난민구호에는 난민평준화를 위하여 이주를 원조하는 일과 난민의 고향을 찾게 하는 일, 행방불명자 확인을 위한 조사 기구를 만드는 일이며, 포로사역에는 전쟁포로와 감금자 보호, 포로자들을 돌보는 목회 등이 포함된다. 그리고 둘째는 교회의 재건과 관련된 일로서 문서와 예전의 대상들이며, 재정지원으로 지역교회와 교회학교에 장학금을 지원하는 일 등이었다. 교회봉사로서 교통지원과 업무지원 등이 해당되었다. 교회의 건물들을 건축하는 일로서 교회와 공동체 공간, 교회 기관들을 재건하는 일이 포함되었다.[221] 또한 1945년 8월 말경 헤센의 트레이자(Treysa) 독일개신교의 고백교회와 지역교단교회의 대표들이 함께 만나서 잠정적인 기본법을 합의했을 때, 독일개신교의 원조국의 활동은 공식적으로 시작되었다.[222] 물론 원조국운영의 주도적 책임자는 역시 게르스텐마이어(Gerstenmeier)였다. 그리고 독일개신교회 협의회(EKD)의 원조국 지도위원회의 의장은 지역교단교회의 감독인 부름(Wurm)이 맡았다. 이러한 독일개신교원조국의 사역에는 교회연합의 정신에 따라 자유교회의 협의체도 회원교회로 참여하였다.[223]

　독일개신교원조국이 보여준 교회의 재건사역에서의 활동은 곳곳에서 이루어졌다. 신학생들에게 신학서적을 제공하는 일에서부터 교회건물의

---

220) 참고, 전게서, 250쪽 이하.
221) 참고, 전게서, 251.
222) 참고, 전게서, 251.
223) 참고, 전게서, 251.

수리와 보수작업에 힘을 모았고, 교회연합운동과 연결하여 구라파 여러 나라의 교회재건과 가난한 자들을 돕는 사역에 지원을 아끼지 아니하였다. 그리고 돌봄(Care)과 'CRALOG'란 교회원조를 위한 공동위원회는 '구라파에 대한 미국송금협동'과 '독일의 경제적 어려움의 경감작전을 위한 대행 위원회'가 1946년 봄에 만들어져, 교회가 사회를 돕는 사역을 수행하였던 것이다.224) 실제로 여러 가지 생필품과 구호물품들을 공동위원회가 각지로 보내게 되었는데, 독일교회의 원조국은 약 41%, 가톨릭 교회의 봉사단체인 카리타스(Caritas)는 37.1%, 노동자 복지회는 3.2% 정도를 받아 돕는 일에 최선을 다했던 것이다. 이러한 도움은 가장 먼저 어린 아이들과 병자들에게 전달 되었고, 도움을 필요로 하는 피난민들에게 주어졌다. 그리고 1948년에 교회원조국은 약 3백만의 어린이들에게 식량을 공급하였다.225)

교회재건 운동에 있어서도 독일 교회 원조국은 큰 활동을 전개했는데, 전국적으로 파손된 교회건물을 건축하는 일과 디아스포라를 위한 교회 세우기와 예배당 만들기 등에 재정지원을 아끼지 아니하였다. 그리고 목회활동의 지원을 위하여 목사들에게 자전거 보내기, 제단에 촛불을 밝히도록 촛대와 초를 보내었다. 서독에서는 화폐개혁이 단행될 때까지 약 3천 7백만 마르크를 모금하여 이러한 일들에 지원했던 것으로 알려졌다.226)

독일개신교의 원조국의 사역은 기존 독일개신교의 '사회선교'(Innere Mission)사역과 여러 면에서 충돌하는 일들이 생겨났다. 그리고 전후에 긴급하게 돕는 사역을 주도한 개신교의 원조국 사역의 그늘에 머물게 되었다. 물론 각 지역에서 요구된 개신교의 원조사역은 사회선교단체의 일

---

224) 참고, 전게서, 252-253.
225) 참고, 전게서, 252-253.
226) 참고, 전게서, 255.

꾼들의 협력과 그 시설들의 도움없이는 근본적으로 업무를 수행하기가 불가능하였다. 몇 개의 지방교회들은 사회선교 연합체에다 그들의 봉사 사역의 과제를 위임시켜주기도 하였다.[227] 이와 함께 양 단체는 봉사사역에서 서로 경쟁적인 모습을 보이기도 하였다. 또한 개신교의 원조국은 지역에 따라서 전통적으로 활동해 왔던 사회선교사역을 거절하는 일들이 발생하기도 하였다.[228]

그런데 이 양 단체의 활동을 대변하는 사람들은 그들 각각의 활동에서 갱신운동과 봉사, 또는 섬김(Diakonia)이란 공통된 과제를 인식하게 되었다. 그리고 그 개념이 신학적인 키가 된다는 것을 알게 되었다. 그것은 교회의 말씀전파의 과제와 동등한 위치에 있다는 것이며, 그 일이 교회로부터 생겨나게 된 자유로운 단체들에서 미래적으로 대표되도록 해서는 안 된다는 생각에 이르게 되었다. 또한 교회의 공적활동에 있어서 섬김(봉사)사역의 복선과 개신교 내에서의 사회선교(Innere Mission)와 원조국사역(Hilfswerk)의 병존이 어려운 상태에 이르게 되었다.[229] 그리고 이러한 정황에서 마침내 1957년 두 기관을 합병하기에 이르게 된다. 오랜 논의 끝에 1965년 이래로 사회선교와 원조국 사역은 서로 협력하는 가운데 사역을 이끌다가 1975년에 서독지역의 독일교회가 교회의 공식 봉사기관으로 '봉사(섬김)사역(Diakonisches Werk der EKD)' 국을 만들게 되었다.[230]

---

227) 참고, 전게서, 256.
228) 참고, 전게서, 256.
229) 참고, 전게서, 257.
230) 참고, 전게서, 257.

2. 독일의 동서독 분단 상황과 독일교회의 섬김 사역

독일교회의 섬김 사역은 제2차 세계대전 이후에 두 개의 봉사기구로서 사회선교와 원조국이 운영되었다. 이러한 두 기구의 사역은 원래 1948년 아이제나하(Eisenach)에서 독일개신교(EKD)총회 때에 EKD의 기본법 제15조에서 '교회의 본질과 생명의 표현으로서' 인정하고 설정하였던 것이다. 독일교회의 '섬김의 사역'(Diakonisches Werk)을 규정하고 있는 현대 교회법령에서도 '교회는 예수 그리스도 안에서 세상을 향하여 하나님의 사랑을 증거하는 과제를 갖는다'고 하였고, '섬김의 사역'(Diakonia)은 이러한 증거의 모습이며, 신체적인 고난과 영혼의 위협과 사회적인 불의한 관계들에서 특별히 인간을 목표한다'고 명시해 놓고 있으며, 또한 '섬김의 사역(디아코니아)은 이러한 고난들의 원인들의 제거방법을 역시 찾는다'고 명시하였다.[231]

이처럼, 독일교회의 섬김 사역은 단지 섬김의 사역이 복음전파의 수단으로 이해하는 것이 아니라, 복음의 본질에 속한 것으로 이해하며, 오히려 섬김의 관점에서 인간을 향한 하나님의 섬김으로 이해하고 있으며, 그 섬김의 방식이 하나님의 말씀의 전파로서 설교의 봉사와 인간을 직접 돕는 일로서 봉사를 이해하고 있다.

그러면 독일교회는 동서독의 국가와 민족의 분단 상황 하에서 디아코니아 사역을 어떻게 실천했던가? 필자는 이점을 중심으로 독일교회의 섬김 사역의 정황과 실제를 밝혀보려고 한다.

---

231) 참고, www.diakonia.de/1374-DEU-HTML.htm

1) 독일교회와 동독교회의 관계

독일교회의 섬김의 사역은 1948-1989년 사이에 '동독의 저편을 향한' 교량 설치의 작업이 우선적으로 요구되었다. 그리고 그것은 역시 지난 40년간 독일개신교회의 봉사활동의 행동 주제가 되었다. 동독지역 저편에 있는 동족을 향한 섬김의 사역이 개인적인 차원에서 뿐 아니라, 교회의 각종 봉사기관들의 활동을 통하여 시도되었던 것이다. 그러나 그들을 향해 연결하려는 교량들은 동독의 정치권력자들에 의하여 붕괴되었다. 베를린에 설치했던 장벽이 그 대표적인 것이었으며, 국경을 막는 일과 수없는 철조망들과 그것을 뛰어 넘는 자들을 즉각 살해 하는 일들이 그것을 대변해 주었다.[232]

이러한 분단 상황에서도 독일교회와 그들의 섬김의 사역은 이편에서 저편으로 향하는 교량 건설을 위하여 수없이 많은 길들과 방식들을 시도하였다. 그러한 상황에서 그리스도인들은 교량건설의 일꾼들로서 그 기간에 전력을 다하여 헌신하였다. 이러한 과제는 목사나, 성직자들에게만 한정된 일이 아니었다. 즉 모든 독일 그리스도인들의 책임으로 인식되었다. 서신교환과 방문과 선물을 보내는 작은 꾸러미들과 수많은 사랑의 환상들을 가진 기독인들에 의하여 다리를 놓으려는 작업은 계속되었던 것이다. 독일 개신교 내에서는 나치 독일 제국의 통치에 대한 죄책과 아픔을 기억하고 있었기 때문에 동독을 향한 동정심은 더욱 커지게 되었다.[233]

1945년 10월에 벌써 독일개신교회는 슈투트가르트에서 나치 제국 하에서 일어난 전쟁에 대하여 아무런 믿음과 용기로 대응하지 못하고, 불타는 마음으로 형제를 사랑하지 못하고, 믿음없이 행동했던 교회의 무능

---

232) 참고, Die Macht der Naechsten Liebe, 266쪽.
233) 참고, 전게서, 266.

한 태도에 대하여 반성되는 죄책감을 사람과 하나님 앞에 고백했던 것이다. 그것은 독일개신교회의 새로운 시작을 원했던 교회의 공적인 고백이었다. 그리고 교회는 역시 그들의 공동의 죄책을 알았을 뿐 아니라, 미래와 공동체에 대한 공동적인 책임을 강조했던 것이다. 그리고 1945년과 1947년에 트레이사(Treysa)에서 개최했던 독일교회의 회합을 통하여 1948년 아이제나하(Eisenach)에서 독일교회(EKD)를 설립할 수 있었던 총회를 준비하였던 것이다. 즉 독일개신교회는 루터파와 개혁파와 연합된 지방교회들의 동맹체로서, 그리고 그리스도 안에 있는 형제연합의 교회로서 하나된 교회를 만들 수 있게 되었던 것이다.[234]

1949년은 독일과 동독이라는 양대 국가가 설립되는 해였다. 독일의 국가적이며 정치적인 분리에도 불구하고, 독일개신교회는 그들의 영적이며 조직적인 통일성을 유지하였다. 이러한 통일성의 보존에 수많은 국경을 뛰어 넘는 사역들이 요구되었다. "우리는 동일한 길목에서 서로 도우고 위로하며, 경고하며, 짐을 나누어져야 하며, 서로에게 다가가서 말해야 한다. 그리고 우리는 함께 머물러 있어야 한다."는 생각으로 독일교회는 독일개신교회의 통일성을 1968년까지 견지해 왔던 것이다. 그러나 1969년 6월 10일에 동독에서 독일개신교회의 조직적인 통일성이 붕괴되었다. 그것은 전적으로 동독정부의 권력이 강압적으로 교회의 분리에 작용하게 되었기 때문이다. 그해 9월 독일개신교회의 총회는 독일교회의 동맹이 '특별한 공동체'(die besondere Gemeinschaft)의 정황에 놓이게 되었음을 고백하기에 이르렀다. 즉 독일교회의 연합체인 동맹체는 동독 지역에서 여전히 복음의 증거와 섬김의 공동체임라는 사실을 확인하였던 것이다. 즉 본 훼퍼의 고백대로 그것은 '타자를 위한 교회'(Kirche fuer andere)의 모습을 견지해야 한다는 강한 인식이었다. 그러한 의식의

---

[234] 참고, 전게서, 266.

성숙한 인식은 동독과 서독사이의 교량을 견고하게 하는 일에 기여하였다. 비록 표면적으로 정치적 상황의 조건은 더 나빠졌다 할지라도, 교회와 섬김의 사역은 국경을 넘나드는 시대를 만들어 가게 되었던 것이다.[235)

독일교회의 그러한 섬김의 사역들은 수많은 사람들의 개별적인 접촉과 만남들을 통하여 같은 동족으로서의 결속된 감정이 다시 강화되도록 하는 일에 결정적인 도움이 되게 하였다. 독일교회의 '특별한 상황에 처한 공동체'는 서로 교회가 총회를 개최할 때, 초대할 수 있었으며, 공동적인 만남의 예배를 가능하게 했고, 친목단체들의 성장으로 인한 교회의 상호방문이 이루어지게 하는 데 기여하였다. 후에 엄청난 협력사역의 프로그램들을 통하여 물질적인 도움들이 실제적으로 지원되게 하였다. 이러한 다양한 교제활동을 통하여 동서독 교인들은 서로에 대한 책임을 인지하게 되었고, 서로 공동적인 교회의 유산을 보존할 수 있었던 것이다.[236)

2) 동독교회를 향한 서독교회의 섬김의 실천

서독교회와 동독교회는 근본적으로 한 민족일 뿐 아니라, 그리스도 안에서 하나인 형제공동체임을 국가의 분단 이후에도 줄기차게 강조하였다. 그것이 서로의 교회를 돕는 섬김 사역이 실천되도록 한 중요한 근거라고 볼 수 있다. 그리고 동독의 각 지역교회(Landeskirche)는 서독에 있는 지역교회들(Landeskirchen)과 하나, 또는 그 이상의 파트너(자매)관계를 맺게 되었다. 역시 독일교회에 속하지 않는 소위 자유교회들(Freie Kirchen)들도 동일한 역할을 하게 되었다. 특별히 섬김 사역의 관계에 있

---

235) 참고, 전게서, 267.
236) 참고, 전게서, 267.

어서 파트너관계는 잘 조직화되었다. 특히 스튜트가르트(Stuttgart)에 있는 독일개신교의 섬김 사역본부에서 이러한 파트너관계는 계획되고 주도되었다. 개별적인 봉사사역의 조치들은 서베를린과 동베를린에 있는 섬김 사역의 본부에서 수행되었다.[237]

그리고 정치적인 여건들에 근거하여 개신교회의 공동의 섬김과 지교회의 섬김 사역은 아주 구별되게 발전하였다. 특별히 독일교회가 동독교회를 향하여 적극적인 디아코니아를 수행할 수 있었던 것은 서독의 경제 부흥이 뒷받침되었기 때문이었다. 또한 상대적으로 동독교회는 정치적이며 경제적인 어려운 상황에 처하게 되었기 때문에 독일교회의 물질적이며 재정적인 도움에 의존할 수밖에 없었던 것으로 이해된다. 게다가 독일교회의 동독교회를 향한 섬김의 사역은 독일정부의 판단에서도 독일통일에 크게 기여하는 사역이 될 것을 기대하였던 것이다. 건축자재, 의술과 기술적인 도구들, 문서, 자동차들, 종이, 의약품 등이 교회와는 상관없이 개별적으로 많은 사람들에 의하여 동독으로 넘겨졌다. 그리고 서독교회들이 보내는 것들은 동독정부로부터 허용되었고, 그 일들은 오랜 기간 동안 비밀리에 행하여졌다. 서독교회와 동독정부간에 이룬 거대한 신뢰 가운데서 인지되고 있던 일이었다고 할 것이다. 그 일들은 대부분 일반기부금과 교회세금관계에서 기부하는 방식으로 이루어졌고, 독일시민의 세금을 수단으로 하는 일들은 서독국가가 비밀리에 취하도록 해 주었던 것이다.[238]

동독지역의 교회들과 교회의 봉사시설들에 종사하는 남녀봉사자들의 생활비는 특히 독일교회에서 지원되는 재정에 의존하고 있었다. 물론 독일마르크의 직접 수용이나, 소유는 그 당시 동독에서는 허용하지 않았기 때문에, 먼저 물품이 제공되면 그것들을 동독 마르크의 가치로 환전하

---

[237] 참고, 전게서, 267.
[238] 참고, 전게서, 268.

여, 경비가 지불되도록 하였다. 운송영역에서 교회와 디아코니아를 위하여 사용될 물품제공의 절정은 1957-1990년까지 계속되었는데, 그때까지 지원된 금액은 약 1,430억 마르크에 달하였던 것으로 알려져 있다.[239]

1968년에 이르러 동독정부는 새 헌법을 만들게 되었다. 헌법 제39조 2항에 교회와 다른 종교들의 자율성은 동독정부의 헌법과 법질서의 일치 안에서만 가능하도록 하였다. 그 때문에 동독지역의 교회는 동독국가법의 강요에 의하여 독일교회(EKD)로부터 분리하여 독립된 조직체를 가져야 할 필요성이 대두되었다. 그리고 1969년 6월 10일에 동독개신교의 새 법이 발효하게 되었다. 그 때문에 그 당시까지 독일개신교회(EKD)의 협의체 내에서 활동했던 독일교회의 원조국(Hilfswerk)의 사역과 사회선교 사역(Innere Mission)도 동독교회 내의 봉사기관으로 동서독 교회는 서로 분리하게 되었다.[240]

동독개신교회의 설립 이후에 동독교회와 정부 사이에는 많은 긴장관계가 상존하고 있었다. 그럼에도 불구하고 동독정부는 교회의 섬김 사역에 대해서는 관용적인 태도를 유지하였고, 동독국민들의 건강과 사회주의 운동과 관련하여 협동적인 관계를 유지하게 되었다. 특히 장애인과 병자와 도움을 필요로 하는 자들을 돕는 봉사사역은 매우 우호적이었다. 그러한 방식으로 협력사역의 조치들에 대한 조건들을 개선해 갔다.[241]

이러한 섬김 사역과 관련하여 독일교회협의회(EKD)는 교회와 인도주의적인 영역에서 동독교회를 돕는 봉사사역의 통로를 동독정부를 설득하여 허락을 받게 되었고, 그것이 동독교회를 계속적으로 지원하고 돕는 통로로 활용하였던 것이다. 그리고 운송수단과 건축자재의 협력에 권한을 위임한 사람들과의 대화를 통하여 동독환율에 따라 동독교회에 물품

---

[239] 참고, 전게서, 268.
[240] 참고, 전게서, 269.
[241] 참고, 전게서, 269.

을 제공하는 일들이 전개되었다. 물품제공은 서독의 통상업무를 담당한 회사들을 통하여 이루어졌다. 독일교회의 동독교회를 돕는 디아코니아 사역은 독일정부의 담당 행정부서와의 긴밀한 협조 하에 비밀리에 이루어지게 되었다. 특별히 동독교회는 목사와 교회의 봉사사역에 종사하는 사람들의 거주할 집이 없어서 그 집들을 지어주는 운동을 전개하였고, 앞서 설명한 물품제공 방식으로 독일교회의 섬김 사역은 1966-1990년까지 지속하였는데, 소요된 비용은 약 1억 5천만 마르크에 해당하는 금액이었다.[242] 이 금액의 대부분은 독일 국민의 세금에서 지원되었고, 동시에 많은 기독인 기부자들에 의하여 이루어졌던 것으로 알려져 있다. 그리고 독일교회(EKD)는 동독목사들의 생활비를 지원하였는데, 그 일은 극비에 속한 일로 아직도 공개된 일은 아닌 것으로 판단한다. 그 당시 독일교회는 여러 가지 방식으로 동독정부를 설득하였고, 동독교회 목회자의 생활비 지원은 동독정부에로 경비를 보내서 동독화폐로 교환하여 동독정부가 지불하는 형식을 취했던 것으로 알려져 있다. 독일교회의 이러한 행동은 동독지역의 교회를 유지시키고, 그리스도의 복음전파와 성도들의 돌봄과 교회를 통한 섬김 사역을 지속하기 위한 선교전략에서 이루어진 것으로 본다.

그리고 동독교회와 국민을 향한 독일교회의 디아코니아 사역은 동독의 체제에 대항하고 비판적인 태도를 취하다가 억울하게 감옥에 갇힌 남녀를 인권차원에서 문제를 제기하고 독일정부가 돈을 들여 석방되도록 하고 1984-85년에는 동독정부체제를 비판하던 약 3만 여명의 동독청년들을 한 사람당 95,847마르크를 지불하고 독일정부가 그들을 서독으로 데려 온 일은 큰 화제였다.[243] 또한 그 일에 독일교회는 배후에서 자문 역할을 했던 것으로 알려져 있다. 또한 그러한 유사한 일은 1964년부터

---

242) 참고, 전게서, 270.
243) 참고, 전게서, 271.

1989년까지 33,755명의 남녀를 감옥에서 풀려나게 하였으며, 그 일들은 곧 독일교회가 인권차원에서 행한 귀중한 일들로 평가되고 있다.[244] 그 외에도 동독의 감옥에 수감된 수많은 사람들을 나오게 하는 일에 독일교회와 가톨릭교회도 합세하여 수행하기도 하였다.[245]

독일교회는 독일정부와 동독정부간에 맺은 방문협약에 의하여, 교회와 교회 간에 맺어진 파트너관계의 결속과 유대를 더욱 견고하게 하였으며, 그 일을 통하여 서로는 같은 민족이며, 그리스도 안에서 하나됨의 실천을 경험해 갔던 일이라고 할 수 있다. 특히 60세 이상의 노인세대들의 가족과 친지방문을 통하여 유대관계는 더욱 결속되어 갔던 것이다.[246]

무엇보다도 독일교회가 디아코니아 사역을 통하여 실천한 동독교회와의 파트너관계는 기독교 신앙의 표현으로 이해되었다. 그리고 이러한 디아코니아의 적극적인 실천의 동기는 단지 동일한 민족성에 있기 보다는 역시 그리스도 안에 있는 공동체로서 교회론에 동기를 가진 일로서, 즉 믿음 안에서 결합된 존재라는 것을 표현한 것으로 이해된다.[247] 그리고 그리스도 안에서 행하는 사랑의 섬김으로서 그리고 그리스도사랑의 표현으로서 섬김 사역의 동기로 이해된다.[248]

결과적으로 양국의 교회 간에, 그리고 지역교회 간에 이루어진 파트너십(동반자관계)의 의미는 크게 다섯 가지로 해석되고 있는데, 그 구체적인 내용은 다음과 같다. 첫째, 섬김 사역실천의 필수적이며 상황에 적합한 형태를 가능하게 했으며, 그러한 섬김이 이루어지는데 큰 도움을 제공하였다. 둘째, 교회간의 파트너십(자매)에서 결정적인 역사적인 상황

---

244) 참고, 전게서, 271.
245) 참고, 전게서, 272.
246) 참고, 전게서, 272.
247) 참고, Rittberger-Klas, Karoline, Kirchenpartnerschaften im geteilten Deutschland, Goettingen, 2006, 207-212.
248) 참고, 전게서, 212-215.

에서 성도의 교제는 분명한 모습을 얻게 되었던 것이다. 셋째, 사회주의적인 국가 안에서 교회의 사회적인 교회의 현존재를 보증할 수 있었던 것이다. 넷째, 동독공산당(SED)통치의 총체적 요구가 잘못된 길로 가게 만드는 결과를 가져왔다. 다섯째, 교회의 동반자관계는 계속되는 교회적이며 사회적인 행위를 위한 모범이었다.[249]

---

249) 참고, 전게서, 313-318.

제5장
북한선교전략과 평화통일

우리는 여기서 한국교회가 북한선교를 위하여 그리고 이 민족의 숙원인 평화통일을 위하여 섬김 정신의 맥락에서 어떻게 그 전략과 방법이 모색되어야 할 것인지를 살펴보기로 한다. 그 일은 그동안 앞에서 다루었던 독일교회의 통일노력을 연구해 본 결론이 될 것이다.

1. 한국교회가 연대한 대표협의기구 설립의 필요성

독일교회가 동서독통일에 기여한 일 가운데 한국교회가 본 받아야 할 것은 바로 한국교회 전체가 연대한 한국교회협의회를 구성하는 일이라고 생각한다. 원래 독일교회는 역사적으로 종교개혁이후에 크게 '루터파'와 '칼빈파', '연합파' 란 세 그룹으로 분리되어 프로테스탄트의 역사를 이루어 왔다. 물론 각각의 그룹은 오랜 역사 속에서 지역 중심의 교리로 다시 분리되어 실제로 독일교회 내에는 25개의 독립된 역사를 가진 교파가 존립해 있다. 2차 세계대전 이후에 서로 그리스도 안에 있는 한 형제교회로서 연대하였고, 독일교회의 하나 된 교회협의체를 구성하게 되었다. 이러한 모습은 동서독 국가의 분리에도 불구하고 교회의 일치와 연합의 정신에 따라 하나 됨을 견지하였고, 그 하나 됨의 협의체를 통하여 모든 일을 대처해 갔던 것이다. 그리고 동서독의 분단 상황 하에서도 독일교회협의회(EKD)는 교회의 일치와 연합의 정신에 근거하여 활동하였고, 동시에 그리스도의 복음과 사랑의 표현인 디아코니아의 정신을 발휘하여 독일교회의 하나 됨을 견지해 갔을 뿐 아니라, 마침내 그러한 활동이 독일통일에까지 기여하게 된 것을 확인하였다.[250]

여기서 한국교회는 독일교회의 연합기구인 독일개신교교회협의회(EKD)의 설립을 모색해 볼 수 있을 것이다. 그리고 북한선교와 남북통일에의 기여를 위하여 한국교회협의회의구성은 시급한 과제로 여겨진다. 아무튼 한국교회는 개신교전체를 총체적으로 연대한 협의체를 재빨리 구성하여 활동하게 해야 할 것이다.

현재 한국교회는 '한국기독교교회협의회' 와 '한국기독교총연합회' 라는 두 기구가 존재하고 있다. 이 기구들은 필자의 생각으로는 하나의 교회연합조직체로 통일을 이루었으면 하는 마음이다. 물론 이러한 두 기구의 탄생배경에는 신학적인 사고와 행동에 있어서 자유주의적인 면과 보수주의적인 면의 갈등이 전제되어 있지만, 언젠가는 뛰어넘어야 할 산이라고 생각한다. 이러한 뛰어넘기에는 성숙한 신학적 이해가 요구된다. 그리고 이점에 있어서 한국교회는 독일교회의 모습을 본받아야 할 것으로 판단한다. 또한 이 두기구가 하나의 통일된 기구가 되어야 할 이유는 이 두 개의 연합기구가 실제로 한국교회 전체를 아우르는 연합기구가 아니라는 데 있다. 한국기독교교회협의회는 현재 7개 교단이 회원으로 가

---

[250] 참고, 정일웅, 독일교회를 통하여 배우는 한국교회의 통일노력 2000, 도서왕성.

입되어 있다. 교회 수나, 교인의 수에 있어서도 한국교회 전체의 1/3에도 못 미친다. 게다가 역사적 배경도 한국기독교교회협의회는 한국교회의 대표자들에 의한 연대기구가 아니었다. 원래 일제시대에 일본이 조선기독교를 통치할 목적(신사참배반대운동과 독립운동 등)으로 '일본기독교연맹'을 먼저 만들고, 다음으로 조선의 친일파교회지도자들을 중심으로 조선기독교연맹이 만들어지게 되었다. 그러다가 8.15해방을 맞이하고, '조선기독교연맹'이란 이름은 북한에서 가져가 지금도 그 이름을 사용하고 있는 모습이다. 그리고 남한에서는 여전히 조선기독교연맹에 관계하던 분들이 '한국기독교협의회'란 이름으로 조직의 명칭을 바꾸어 사용하게 되었다. 1974년에 이르러 이 단체는 교회라는 이름을 생각하게 되었고 그들의 정관에 '한국기독교교회협의회'란 이름으로 개명하게 된다. 그것이 오늘까지 지속되고 있는 '한국기독교교회협의회'의 모습으로 이해된다. 이 단체가 지난 1988년 2월 '남북통일선언문'을 발표하게 되었는데, 1995년 8월 15일이 남북이 분단 된지 50주년이 되는 해로서, 구약성경에 나타난 희년개념을 연결시켜 한국교회전체가 남북통일을 염원하며, 복음선교의 과제가 되도록 신앙의 새로운 도전을 주었던 것이다. 중요한 것은 이러한 일이 한국보수교회의 지도자들에게 자극을 주었고, 나아가서 '한국기독교총연합회'의 탄생을 초래하는 계기가 되었다는 점이다. 하지만 문제는 한국기독교총연합회 역시 한국교회 전체를 아우르지 못하는 한계를 가지고 있는 모습이다. 더욱이 이름 자체가 기독교 단체들의 총 연합이지, 한국교회 전체를 아우르는 대표기구가 되지 못하고 있다는 점이다. 예를 들면 크고 작은 교단(교파)들이 각각 대표회원이 되고, 또한 각종 선교단체들이 대표 역할을 하고 있는 모습이다. 그 때문에 명실공히 한국교회를 대표할 수 있는 기구인지가 질문된다. 이제 이러한 양 기국의 제한성과 협의성을 뛰어 넘어 명실 공히 한국교회를 대표하여 대정부, 대사회, 대북한, 대국제 문제들에 대처하며, 한국교회의 입장을 대변하는 역할기구가 새롭게 탄생되어야 할 필요성을 생각하게 된다.[251] 이러한 생각은 이제 선교 125주년의 역사를 가진 한국교회가 신학적으로 그리스도의 몸 된 교회의 성격을 분명히 하며, 대사회, 대정부, 대국제 간에 있어서 성숙한 대표성의 역할을 이루어내야 할 것으로 인지되기 때문이다.

그러면 한국교회 전체가 연대한 '한국교회협의회'가 감당해야 할 사명과 과제는 과연 어떤 것이어야 할 것인가? 다음과 같은 5가지를 생각해 볼 수 있을 것이다. 첫째, 전 세계를 향한 복음선교의 과제성취를 위해서이다. 둘째, 이웃과 사회에 대한 가난한자, 소외된 자, 고난에 처한 자들이 다시 일어서도록 돕는 그리스도의 사랑을 나누는 봉사적 활동이다. 셋째, 기독교 내에 상존하여, 진리에 대한 혼란을 야기하는 이단을 방어하고, 그리스도의 복음의 진리를 수호하는 일이다. 넷째, 기독교신앙의 가르침을 통일시키며 가장 표준적인 것에 이르도록 노력하는 일이다.[252] 그리고 다섯째, 대정부, 대사회, 대국제사회의 일들에 언제나 교회연합의 협의체를 통하여 교회의 입장을 대변하도록 노력해야 한다.

이러한 협의기구는 그 어떤 세상 권력자들이 행하는 군림의 모습이 아니라, 예수님이 보여주신 섬김의 자세로 주님의 교회와 성도와 세상을 섬기는 모습이어야 할 것이다. 그리고 사회봉사의 과제 성취를 위하여 섬김 사역을 적극적으로 전개해야 하며, 그 일을 전문적으로 수행하도록 '사회봉사국'을 설립하고, 그 기구를 통하여 한국교회의 섬김 사역이 적극적으로 전문가들에 의하여 수행되도록 힘써야 한다. 그리고 기독교북한선교의 전략도 바로 이러한 봉사국의 사업과 활동으로 시도되어야 한다고 생각한다. 북한선교의 전략과 방법도 이러한 협의기구의 전문성을

---

251) 참고, 정일웅, 독일교회를 통하여 배우는 한국교회의 통일노력 2000, 도서왕성.
252) 참고, 전게서.

통하여 실천되도록 해야 할 것이다.

2. 동독교회에 적용된 파트너십 전략의 활용

독일교회가 보여준 섬김의 정신과 그 실천적 사례는 근본적으로 한국교회가 본받아 활용할 수 있는 모델이라고 생각한다. 그것은 구체적으로 서독교회가 동독교회와 맺게 된 '동반자관계'(Partnership)의 모습이다. 섬김의 사역인 디아코니아를 전제한 동반자 관계는 개인과 교회와 지역과의 대동단결을 통하여 인간적인 어려움을 극복할 수 있었고, 별다른 이념적이며 정치적인 대립없이 물질적인 도움을 통한 섬김의 사역이 성공적으로 실행될 수 있었다. 그리고 그러한 섬김의 활동을 통하여 쌓아진 신뢰성이 마침내 통일에 까지 기여하게 된 것으로 판단한다.

이러한 시각에서 보면 한국교회는 남북한 간에 동반자관계를 통하여 섬김의 사역을 실천하는 노력을 추진해 볼 수 있을 것이다. 물론 독일교회처럼 북한에는 남한 교회와 같은 동질성의 교회가 없다는 것이 약점일 수 있다. 하지만 현재 어용기구로 보이는 북한기독교의 실체(봉수교회와 칠골교회)와의 관계를 통하여 전략적으로 교류하고 대화하며, 지속적인 협력관계를 견지해 가는 일이 요망된다. 아무래도 '선교의 접촉점'은 거기서부터 찾아져야 하리라고 본다. 그리고 가능한 한국교회가 북한의 전 지역의 마을들과 동반자관계(자매관계)를 수립하고, 마을의 발전과 삶의 질 개선을 위하여 적극적인 봉사활동을 전개해 보는 것도 가능할 것으로 판단한다.

3. 섬김의 정신력 강화와 훈련의 필요성

한국교회의 모든 기독교인들은 예수의 제자들로서 예수님이 보여주신 섬김의 정신을 본받아야 한다. 그러기 위해서 교회의 신앙교육 목표는 모든 기독인들이 이웃을 자기 몸처럼 섬기는 자들이 되도록 훈련하는 것이어야 한다. 그러기 위해서는 교회의 전 성경교육과정에 섬김의 정신교육과 훈련을 주제로 삼아 성경 공과에 반영해야 할 것이다. 특히 성장 세대들에게 이와 같은 정신을 교육할 뿐 아니라, 이미 섬김 사역에서 활동하고 있는 동역자들의 재교육이 중요해 진다고 본다. 또한 신학교내의 실천신학 교육과정에서도 '섬김학'이나 '봉사학'이란 이름의 과목이 강의되게 해야 할 것이다. 그리고 그 외에도 교회의 청소년들이 해외선교지 방문으로 섬김을 실습하고 체험하게 하는 일 등이 시도될 수 있을 것이다.

4. 북한주민을 향한 섬김 사역의 실천적 방안

1) 식량지원

현재 정부기관과 한기총을 통하여 실천되고 있는 북한에 식량보내기 운동은 지속되어야 한다. 지역교회나 개 교회, 또는 기독교 NGO활동들을 통하여 적극적으로 실천되어야 할 것이다. 지금까지 전하는 바에 의하면 북한당국은 남한에서 지원되는 식량이나 지원품은 국민들에게 배급되는 것이 아니라, 평양시민들이나, 고위급 통치자들이 암시장으로 빼

돌려 치부한다는 문제가 제기되기도 하였다. 참으로 유감스러운 일이다. 그리고 우리사회에서는 그처럼 남한이 많은 원조를 아끼지 않고 있음에도 불구하고 아무런 변화를 보이고 있지 않는 북한에 대하여 이제 퍼주기 식으로 돕는 문제를 중단해야 한다는 여론이 들끓기도 하였다. 그 때문에 남북한 간의 관계가 현재 이명박정부가 들어서면서 북한식량지원을 비롯하여 돕는 정책들이 소극적인 태도로 돌변하였고, 오늘에 이르러 남북한이 정치적으로 경색된 국면이 없지 않다. 특히 금강산관광객을 억울하게 살해하는 사건이라든가, 작년에 46명의 우리 청년들을 서해바다 깊은 곳에 수장시킨 천안함사건과 연평도 포격사건 등의 무책임한 북한당국의 도발행위를 경험하면서 북한이 우리의 동족이 맞는지, 참으로 의심스러운 감정이 생기기도 한다.

  앞으로 정부당국은 정치적인 관계에서 반드시 상호호혜주의 원칙에 따라 북한과 외교정책을 펼쳐야 할 것이며,[253] 그것은 어디까지나 남한이 북한을 도우는 만큼 북한이 그 어떤 대가를 반드시 지불하는 전제하에 이루어지는 외교가 진행되어야 할 것이다. 다만 종교단체들과 특히 한국교회는 전체를 대표하는 협의기구를 통하여 정부정책과는 달리, 북한교회와 교류하며, 여전히 식량부족으로 인하여 기근의 구조적 문제를 안고 있는 북한을 계속적으로 그리스도복음의 정신으로 돕는 일을 전개해 가야 할 것이라고 생각한다. 그리고 모든 북한돕기의 한국교회정책은 '한국교회협의회' 산하에 전문가를 구성하며 그들에 의하여 제시되게 해야 할 것이다.

---

253) 참고, 박성조, 한반도 붕괴, 랜덤하우스, 2006, 45쪽 이하: 그는 대북협상의 전제조건을 3가지로 들었는데(시장경제, 민주주의, 인권존중) 이것을 전제하여 상호호혜주원칙으로 정부가 외교정책을 펼 것을 제시하고 있다.

2) 남한교회와 북한교회와의 자매관계수립

한국교회는 서독교회가 동독교회와 자매관계(partnership)를 맺고, 교회에 속한 신자들의 경제적인 지원을 비롯하여 교회의 봉사활동을 동독사회를 향하여 적극적으로 전개했던 것처럼, 북한교회를 통하여 전 지역과 한국교회가 자매관계를 수립하는 방안을 추진해야 한다. 이 일은 경제적인 지원뿐 아니라, 섬김 사역을 적극적으로 전개하여 북한 지역이 발전되도록 돕는 일이다. 예를 들면 북한 지역 마을마다, 어린이 집, 유치원을 설립하고 교육을 통한 봉사선교사역을 실천한다. 청소년 돕기, 노인 돌보기, 장애인 돌보기 등의 봉사활동에 참여한다. 물론 북한교회와 자매관계를 맺는 일은 단순한 일이 아니다. 기독교 신앙의 정체성에 관한 논쟁이 일어날 수 있다. 하지만 선교의 접촉점을 모색해야 한다는 측면에서 보면 북한교회의 실체를 인정하고 남한교회가 연합하여 돕는 관계를 맺는 것이 중요하다고 본다. 특히 북한의 '조기련' 과의 관계를 공식화하고 북한교회를 돕고 북한 동족을 돕는 일을 한국교회는 시도해 가야 할 것이다. 그렇게 할 때 한국교회는 그들에게 복음의 선한 영향을 미치게 해야 하며 하나님은 그들을 변화시켜 우리 민족의 숙원인 남북통일과 북한선교에 선한 열매가 맺어지게 할 것으로 확신한다.

3) NGO활동 지원방안: 경제 및 기술 지원

역시 한국교회의 도움으로 북한 지역마다 농업기술전수, 의술의 봉사활동, 과학기술 봉사활동들을 전개하여 북한지역주민들의 삶의 개선에 도움을 주는 구체적인 봉사활동들을 전개해야한다. 이 일에는 각종 기독교 NGO들의 참여가 기대된다. 물론 지금까지 수많은 기독교 이름의 NGO들이 북한돕기에 앞장서서 노력하고 있는 것으로 안다. 바라기로는 한국교회가 이러한 NGO들을 도와서 그들로하여금 북한지역의 주민을 돕게하고 봉사활동을 적극적으로 전개하도록 지원해야 할 것이다.

5. 북한주민의 인권개선을 위한 노력

북한주민들의 인권문제는 심각한 상태에 이르고 있다. 물론 독재주의 정치체제하에서 겪을 수밖에 없는 운명적인 일이기는 하지만, 기독인의 양심은 이 문제를 외면해서는 안 될 것이다. 북한주민의 인권문제는 경제난과 식량난으로 인한 생존권의 위협에서 시작하여 탈북자문제, 정치범 억류와 공개처형에서 나타나고 있다. 그리고 북한 당국은 이러한 문제해결을 위하여 근본적인 개선노력보다는 체제유지를 위하여 국민억압의 통치수단을 강화하고 있는 모습이다.[254] 그리고 수많은 정치범들을 억류하고 있으며, 공개처형을 통한 국민의 위협은 북한 인권상황의 참혹상을 보여주는 예이다.[255]

이러한 북한 인권개선을 위한 노력으로 시도될 수 있는 방안은 2가지 길을 통하여 시도되어야 하리라고 본다. 첫째는 정부와 국제 NGO기구를 통한 노력이다. 현재 정부당국과 국제기구는 유엔을 비롯하여 여러 NGO단체들이 협력하여 이 문제를 대처하고 있는 것으로 판단한다. 유엔의 인권위원회에서 미국과 EU국가들은 북한 인권문제를 제기하였고, 1997-1998년에는 유엔 인권 소 위원회는 북한 인권결의문을 채택하여

---

254) 제성호의 논문, 북한 인권개선과 NGO의 역할, KINX2004028122, pp. 271-272.
255) 참고, 국제사회는 북한의 인권상황을 최악의 경우로 판단하고 있으며, 2003년 미 국무부가 발표한 2002년 각국의 인권보고서(2003년 3월 31일) 는 북한 인권상황을 세계에서 가장 폭압적이고 소름끼치는 체제중의 하나로 '대규모의 감옥체제' 라고 비판하였다. 2003년 국제사면위원회의 연례 인권보고서 중, '조선인민공화국' 의 인권상황은 근본적으로 개선되지 않았음을 지적하였다. http://www.state.gov/j/drl/rls/hrrpt/2002/18249.htm

깊은 우려와 관심을 표명한바 있다.[256] 현재 북한인권문제는 국제사면위원회와 국제인권옹호위원회, 미네소타 변호사협회 국제인권위원회, 아시아태평양의원연맹 등에서 활발한 논의와 대책이 수립되고 있는 것으로 알려져 있다.[257] 그리고 각국정부대표와 NGO 대표들은 기회 있을 때마다 유엔 인권위원회 및 인권 소위원회에다 북한 인권문제를 계속적으로 제기하고 있으며, 유엔 인권고등판무관의 공식 개입을 요청하고 있는 것으로 전한다.[258]

이제 한국교회는 이러한 일에 적극적으로 정부당국과 국제기구들에 탄원과 호소의 방식으로 참여하고 북한의 문제해결을 위하여 접근해 가야 할 것이다.

둘째는 북한교회와의 대화를 통한 노력이다. 북한 인권문제와 관련하여 한국교회는 북한교회의 지도자들과 대화해야 하며, 개선이 이루어지도록 북한 교회의 협력을 촉구해야 할 것이다. 물론 북한교회(조선기독교연맹)와 아직 공식적인 교회관계가 수립되어 있지 않기 때문에 여전히 미래적인 이야기일 수밖에 없지만, 우리는 노력해야 할 것이다. 물론 북한에 설립된 봉수교회와 칠골교회는 대 국제간에 종교의 자유가 북한에도 보장되어 있음을 선전하고 전시하기 위한 것임을 모두가 느끼고 있다. 그러나 북한과의 기독교적인 그 어떤 접촉점을 갖지 못한 상황에서 이러한 교회와의 관계를 새롭게 수립하고 접촉하며, 지원을 준비하는 일도 하나의 선교전략일수 있을 것으로 판단된다.

---

256) 참고, 제성호의 글, 278.
257) 참고, 제성호의 글, 279.
258) 참고, 제성호의 글, 279.

6. 북한지하교회 선교활동의 지원방안

기존 봉수교회와 칠곡교회를 돕는 한국교회의 섬김의 활동을 통하여 북한의 지하교회에 까지 영향을 미치게 할 수 있는 전략이 필요한 것으로 생각된다. 물론 이 두 교회는 북한 정부가 세운 어용적 역할을 하는 교회로 알려져 있다. 하지만 선교의 접촉점을 남한교회로서는 이들 북한교회를 외면할 수 없을 것이다. 지속적인 인내로 그들 북한교회의 대표들(조선기독연맹)과 접촉하여 그 어떤 방법을 모색해 가야 할 것이다. 그리고 조선기독교연맹과 한국교회 전체를 연대한 대표기구가 서로 협의하여 북한의 지하교회가 양성화되도록 추진해야 할 것이다. 궁극적으로는 북한의 지상교회를 통하여 지하교회를 돕게하는 방법이 고려되어야 할 것으로 판단한다. 특히 탈북자자원을 통하여 길을 모색하는 것이 요망된다.

7. 통일 후에 적용할 수 있는 선교전략

통일되면 북한 역시 한국사회가 산업화과정의 변화를 겪었듯이 그 과정을 거쳐야 할 것이다. 그 때에 사회구조적으로 나타나게 될, 지금 남한사회가 경험하고 있는 빈익빈 부익부의 구조적인 갈등 사이에서 희생하게 될 사회적 약자를 돕는 사회봉사적 활동을 한국교회는 감당해 가야 할 것이다. 가난한 사람들과 소외된 자들을 돌보는 섬김의 사역은 북한 땅에서 새롭게 전개되어야 할 것이다. 이미 한국교회에 적용되었던 도시산업선교와 도시빈민선교와 그리고 다일공동체나, 광야교회공동체, 광염교회공동체의 헌신적인 섬김의 모습들은 역시 북한교회를 통하여 실천되어야 할 모델들이라고 생각한다. 또한 기독교 NGO의 활동들은 여전히 요구될 것이다. 특히 사회정의와 인권문제와 환경문제와 생태계 보존의 문제와 관련하여 NGO의 활동은 여전히 그 영향력을 발휘할 수 있을 것으로 판단된다.

지난 2천년대 중반에 이르면서 개성공단을 개발하고 지원하는 정책이 실현되고 있는 것으로 안다. 한국교회는 현재 개성공단에서 일하는 북한 노동자들을 돕고 복음선교의 접촉점을 찾으려는 노력을 추진하고 있는 모습이다. 물론 이러한 노력은 계속되어야 할 것이며, 정부와 한국교회도 상호협조 관계를 유지하여 개성공단의 지원과 활성화를 통하여 통일과 선교의 접촉점을 만드는 기회가 될 수 있기를 바란다.

결론

지금까지 우리는 섬김의 신학과 관련하여 성경적이며, 역사적이며, 신학적인 섬김신학의 이론적 토대가 무엇인지를 확인하였다. 그리고 선교 전략과 방법추구를 위하여 독일교회의 섬김사역과 특히 동서독 분단 상황 하에서 독일교회가 취한 섬김 사역의 전략과 정황을 살펴보았으며, 한국교회가 선교초기부터 오늘에 이르기까지 감당해 온 섬김의 사역의 실체들이 어떠했는지를 살펴보았다. 우리는 섬김의 사역의 행위가 복음 선교에 있어서 반드시 전제되거나, 병행되거나, 복음 선포의 결과로서 뒤따라야 하는 중요한 복음의 사명과 과제임을 확인하였다. 특별히 한국교회의 선교역사에서 보면, 복음의 황무지와 같은 이 땅에 복음의 씨를 뿌렸던 선교사들은 처음부터 한국사회에 복음전파의 과제를 섬김의 사역을 통하여 실현해 갔던 것을 확인하였다. 그러나 유감스럽게도 한국사회에 근대화가 이루어지는 과정에서 섬김의 신학적인 이해가 보수적이며 자유주의적인 입장으로 나뉘고, 이웃사랑의 과제실현에 있어서 혼란을 겪게 되었다. 그것은 편협한 신학적인 통찰 때문이었던 것으로 판단되며, 산업사회로의 시대전환기에 섬김의 사역이 사회구조적이며 정치적인 것과 얼마나 깊이 연관된 일인지를 충분히 인식하지 못한 결과로 이해된다.

그럼에도 불구하고 1987년 민주화가 선언된 후, 한국사회의 가난과 인간의 고난과 시련의 문제에 대하여 섬김의 과제는 더 이상 교회 안에 머물 수 없었으며, 선견자들에 의하여 벌써 이웃과 사회 속에서 실현되고 있었음을 확인할 수 있었다. 특별히 한국교회의 보수적 교회들의 협의체인 한기총은 북한에 쌀 보내기와 탈북자들의 인권과 돌봄의 일들에 관여하여 활동을 전개하고 있었으며, 북한선교와 남북통일에 대한 관심으로 사명을 감당하고 있었던 것으로 이해된다. 특히 기독교 NGO들의 대북활동은 한국교회가 전혀 경험하지 못한 새로운 차원의 섬김의 실천방법들이며, 이들 활동들은 남북을 연결하기 위한 교량역할의 모범적 사례들이었다고 할 수 있다.

그러면 한국교회의 북한선교전략과 평화통일을 위한 방법은 과연 어떠해야 할 것인가? 이러한 질문의 대답은 역시 현재 진행되고 있는 한국교회(한기총)의 대북지원과 기독교 NGO들의 대북활동이 적극적으로 전개되도록 한국교회전체는 힘과 지혜를 모아야 한다는 것이다. 그리고 이를 뒷받침하기 위하여 한국교회는 하나의 조직된 대표협의기구를 형성해야 할 것이며, 한국교회가 교파를 초월하여 연합과 일치의 하나 된 힘으로 섬김의 사역을 주도해 가야 할 것이다. 특히 독일교회가 보여준 교회연합의 정신은 한국교회가 본받아야 할 가치이며, 그 연합된 조직체는 디아코니아 사역이 본격적으로 책임있게 전문가들에 의하여 실현되도록 '사회봉사국'을 설치하여 본격적인 섬김의 사역을 전개해야 할 것이다. 그리고 독일교회가 동서독의 분단상황 하에서 보여준 전략으로 '동반자관계의 수립과 섬김 사역의 활용'은 역시 남북한 관계에서도 선교전략으로 추진되었으면 하는 마음이 간절하다. 그러한 방법의 적용에 걸림돌은 북한교회의 상황이 동독교회의 상황과 비교되지 않는다는 점이다. 그리고 실제로 동독의 상황에서처럼 기독교의 정체성과 동질성을 가진 그리스도의 교회가 북한 땅에 없다는 점이다. 하지만 북한 내에 설립하여 정치적 도구로 활용하고 있는 봉수교회와 칠골교회는 하나의 선교적 접촉점을 만들어 낼 수 있는 근거가 될 수 있다고 본다. 특히 '조선기독교연맹'이란 어용단체가 공식적인 활동을 전개하고 있기 때문에 그 단체와의 교류와 동반자관계를 수립하는 일은 불가피한 선택이라고 생각한다. 이 기구를 활용하여 북한 교회를 돕고, 북한의 소위 지하교회를 살려내며, 북한 주민들에게도 섬김의 사역을 통하여 그들의 생활개선을 협력하는 일은 중요한 선교방향일 것으로 생각한다. 아마도 더 긴 미래의 하나님의 역사를 바라보면서 독일교회가 마땅히 해야 할 복음의 과제실천인 섬김을 실현했던 것처럼 한국교회도 섬김사역의 전략을 미래의 한국교회의 대북 선교전략으로 활용하기를 바라는 마음이 간절하다.

이러한 섬김의 사역이 활성화되고 북한선교활동에까지 연결되게 하려면 과연 그 구체적인 방법은 어떠해야 할 것인가? 이 질문의 대답은 역시 앞에서 간략하게 제시한 것처럼, 북한주민 전체를 향한 한국교회의 섬김 사역의 실천이라 할 것이다.

첫째, 식량지원(한기총/국가지원)을 계속하며, 둘째, NGO를 지원하는 방안이며, 셋째, 북한의 인권문제가 해결되도록 힘쓰는 일과, 넷째, 기존하고 있는 봉수교회와 칠골 교회와의 관계를 수립하고 한국교회가 적극적인 지원을 동원하여 선교전략을 펴는 노력을 기울여야 할 것이다. 가능한 칠골교회의 목회자와 봉수교회의 목회자들이 북한 사회와 이웃을 돕는 섬김 사역을 후원하고 지원하는 노력을 기울여야 할 것이다. 특별히 현재 북한 땅에 지하교회가 있다는 소식을 접한다. 그러므로 이 교회들의 지도자들과 협력자들을 통하여 지하교회를 도울 수 있는 섬김 사역의 전략전개가 필요하다고 생각한다. 물론 북한정부의 정치적 방향전환이 우선될 때 이 모든 일이 가능하다는 것은 자명하다. 그 일을 위한 외교적 노력도 한국교회의 대표기구가 국제관계에서 감당해야 중요한 사명과 과제라고 생각한다.

끝으로 한국교회가 이웃을 돕는 사랑의 실천행위인 섬김 사역이 더 큰 힘을 받으려면, 기독교적으로, 그리고 한국교회적으로 섬김의 사역에 대한 의의를 전적으로 계몽해야 할 것이다. 즉 모든 기독인들을 섬기는 사람들로 만들어야 할 것이다. 이 일을 위해서는 무엇보다 섬김의 정신에 대한 교육과 훈련이 주어져야 할 것이다. 특별히 신학교 교육과정에서 실천신학 분야에 섬김의 신학과 섬김의 실제를 전공과목으로 수용하여 교육시켜야 할 것이다. 이것은 미래의 한국교회가 디아코니아 사역에 온 힘을 기울이도록 눈뜨게 하기 위함이며, 이러한 섬김의 사역을 통해서 하나님의 나라와 그리스도의 복음과 사랑을 삶 속에서 구체적으로 실현하는 사람들이 되도록 하기 위함이다. 물론 아직도 한국교회 전체는 복음전도와 섬김의 사역의 이 두 가지 과제가 복음 선교의 실제에 어떻게 동반되어야 할지에 대한 신학적인 인식과 이해가 충분하지 못하다고 생각한다. 그리고 여전히 조직된 교회의 내적인 운영에 대한 섬김과 봉사로만 섬김의 사역이 다된 것으로 이해하는 경향에 있다. 이러한 인식에서 벗어나, 기독인의 전 삶이 섬김과 봉사이어야 한다는 인식을 일깨워야 할 것이다. 그리고 섬김의 과제는 이제 실천신학의 중심 주제로 신학교육에 반영되어야 할 것이다. 신학의 중심과제는 하나님의 뜻을 연구하여 밝혀내는 일이며, 교회사역의 핵심과 방법론을 다루는 실천신학은 역시 그 중심축이 섬김의 시각에서 복음전파(설교)와 예배와 예전, 그리고 영혼의 돌봄과 상담을, 또한 구체적인 인간 돌봄의 사역으로서 섬김을 생각해야 할 것이다. 그러므로 미래의 실천신학은 이러한 관점에서 새롭게 신학체계를 수립할 필요성이 요구된다고 본다. 그리고 실천신학 내에 봉사학, 또는 섬김학(Diakonik)란 전공학과목이 개설될 필요가 있는 것이다. 그리하여 목회자들과 모든 기독인들을 섬김의 상(像)을 심어주고, 섬김의 모범들이 되도록 교육하고 훈련하는 일이 절대적으로 요구된다고 본다. 이것은 섬김의 신학을 연구한 필자의 한국교회의 새로운 신학의 전망과 결론이기도 하다.

　한국교회는 필자가 제시한 '섬김의 신학'을 통하여 현대목회의 과제를 새롭게 인지하기를 바라며, 그러한 이해에 근거하여 한국교회의 평신도들이 우리의 이웃과 사회를 향한 섬김의 일꾼들로 양육되고 훈련되게 해야 할 것이며, 모든 기독인들의 삶이 언제나 이웃과 사회에 빛과 소금의 역할을 감당하도록 신앙적 인식과 통찰을 전환시켜야 할 것이다. 그리고 한국교회가 모든 기독인들을 섬김의 과제 실천을 의식하게 하고, 이웃과 사회를 향한 섬김 사역의 실천자들이 되도록 할 때, 한국교회는 한국사회로부터 다시금 신뢰받는 공동체가 될 것이며, 수적성장이 침체된 현재 한국교회의 목회적 상황에서, 교회성장전략의 빈곤을 경험하고 있는 목회적 상황에서, 분명히 새로운 선교전략과 목회전략, 북한선교전략의 방법이 될 수 있을 것으로 확신한다. 그리고 이러한 일은 평화적으로 남북이 통일되는 결과를 만들어 내는 일에까지 기여할 수 있는 방안일 것으로 확신한다. 또한 한국교회가 감당해야 할 마지막 과제임을 확신한다. 이와 더불어 북한을 향한 한국교회의 지속적인 섬김의 사역은 앞으로 머지않은 장래에 남북이 평화적인 통일을 이루어 내는 일에 크게 기여하는 일이 될 것으로 확신한다.

참고도서

1. 한국도서

김경실, 방문보도, 청량리 588번지, 복음과 상황, 1991, 5/6월호, 34.
김동춘, 기독교신학저널, 3, 2002, 101.
김병로, 북한 인권문제와 국제협력, 민족통일연구원, 1997.
김병로, 남북한교회 통일 콘서트, 거북선, 2005.
김성욱, 북한을 선점하라, 한반도 자유통일 비전선언, 도서출판 세이지, 2011. 11. 15.
김한옥, 기독교사회봉사와 신학, 실천신학연구소.
민경배, Dr. Horace N. Allen and his Mission in Korea, 1884-1905, 212.
박영환, 기독교 사회봉사의 위기와 신학정책론, 서울신대 사회봉사단 출판부, 2001.
박상필, NGO학, 아르케 2005.
박성조, 한반도 붕괴, 랜덤하우스, 2006.
이삼열, 사회봉사의 신학과 실천, 한울, 1992(초판), 1999(2판).
이만열, 한국기독교문화운동사, 대한기독교출판사, 1987, 190-198.
정일웅, 독일교회의 통일노력에서 배우는 한국교회의 통일노력, 도서왕성, 2000.
정일웅, 교육목회학, 남북통일 선언문의 신학적 성찰, 제 1부 4장, 그리심 2003.
정일웅, 교회교육학, 범지출판사 2008.
정일웅, 기독교대북 NGO활동과 디아코니아 신학, 신학지남, 2007년 여름호, 11-15쪽.
최일도, 침묵의 집, 나눔의 집, 기독교사상, 1996, 234-241.
한국기독교의 역사(1), 한국기독교역사연구소, 2005, 197.

한민족정책연구소, 한국교회 북한 선교정책, 2002.
Hausschild, 이영미(역), 창조적인 목회를 위한 실천신학, 한들출판사, 2000.

2. 외국도서

Beyer, H.W., :in Theologisches Woerterbuch zum NT.(Hrg.) Gerhard Kittel, Bd.2, S.87.

Hrg.v.G.Ruddat, u. G.K.Schaefer, Diakonisches Kompendium, Goettingen 2005, 18.

Hrg.v.V.Herrmann u. M.Horstmann, Studienbuch Diakonik, biblische, historische und theologische Zugaenge zur Diakonie, Neukircher, 2006.

Hrg.v. U.Roeper u.C.Juellig, Die Macht der Naechsten Liebe, Einhundertfuenfzig Jahre Innere Mission und Diakonie 1848-1998, Kohlhammer, 1998.

Hammann, G., Die Geschichte der christlichen Diakonie, Goettingen 2003.

Hrg.v.M.Kiessig, u.a., Evangelischer Erwachsenen Katechismus, Guetersloh, 2000.

Krimm, H., Quellen zur Geschichte der Diakonie, Stuutgart Bd.2, o.J(1960).

Lee, Seung-Youl, Die Geschichte der Diakonie in den protestantischen Kirchen Koreas und Perspektiven fuer die Erneurung ihrer diakonischen Arbeit, Peterlang 1999.

Liese, Wilhelm, Geschichte der Caritas(2Bd.), Bd.I, Freiburg 1922.

Litterberg-Klas, Karoline, Kirchepartnerschaften im geteilten Deutschland, Am Beispiel der Landeskirchen Wuerttemberg und Thueringen, Goettingen 2006.

Moltmann, J., Zum theologischen Verstaendnis des diakonischen Auftrags heute, in: Ders.: Dieakonie im Horizont des Reiches Gottes. Schritte zum Diakonentum aller Glaeubigen, Neukirchen, 1984.

Pestalozzi, J.H., Eine Bitte an Menschenfreunde und Goenner, zur guettige Unterstuezung einer Anstalt, armen Kindern auf einem Landhause Auferziehung und Arbeit zu geben(1777), in: Ders.: Werke, Bd.2: Schriften zur Menschenbildung und Gesellschaftentwicklung, Muenchen

1977.

Pieter Johan Roscam Abbing, Theologishce Grundprbleme der Diakonie, in: TRE Bd. VIII.

Philippi, P., 'Christozentrische Diakonie', Stuttgart 1963.

Schmidt-Lauber, H. Ch. u. a. (Hrg. v.), Handbuch der Liturgie, 3. Aufl., Goettingen, 2003, 78-80.

Starck-Billerbeck: Kommentare. Bd. 2, Muenchen 1924.

Uhlhorn, G., Die christliche Liebestaetigkeit, Stuttgart 1895, 3.

Underwood, L. H., Woman's Work in Korea, The Korean Repository Feb. 1892, 62.

Wichern, J. H., Die oeffentliche Begruendung des Rauhen Hauses(1833), in: Saemtliche Werke (SW) IV/1, Berlin 1958.

Wenzel, Lohff, Glaubenslehre und Erziehung, Goettingen 1970.

Wenland, H. D., Christos Diakonos - Christos Doulos, Zuerich 1962.

Weiser, A., Exegetisches Woerterbuch zum Neuen Testament, Hrg. v. Horst Balz u. Gerhard Schneider, 2. Aufl., Bd. I., Stuttgart, Berlin, Koeln: 1992, 726.

TRE, Bd. VIII.

3. 각종기관들의 사이트 활용

한국기아대책기구: www.kfhi.or.kr
하나로 장학회: www.hanarokorea.org
하나누리: www.hananuri.org
한국대학생선교회: www.goat4north.net
통일미래사회연구소: www.unifutur.org
유니프레이어: www.uniprayer.com
북한 인권시민연합: www.nkhumanrights.or.kr
북한 민주회네트워크: www.nkmet.org
좋은 벗들: www.goodfriends.org

북한선교와 남북통일을 위한 섬김의 신학

지은이 : 정 일 웅
발행인 : 정 일 웅
발행처 : 총신대학교출판부
서울시 동작구 사당동 산 31-3
전화 02-3479-0247
등록번호 제 14-24호(1976. 4. 12)

2012년 3월 15일 1판 1쇄 인쇄
2012년 3월 15일 1판 1쇄 발행

값 10,000원

* 저자의 허락없이는 이 책의 일부 또는
  전부를 어떤 목적으로도 사용할 수 없음.

ISBN 978-89-8169-220-9 93230